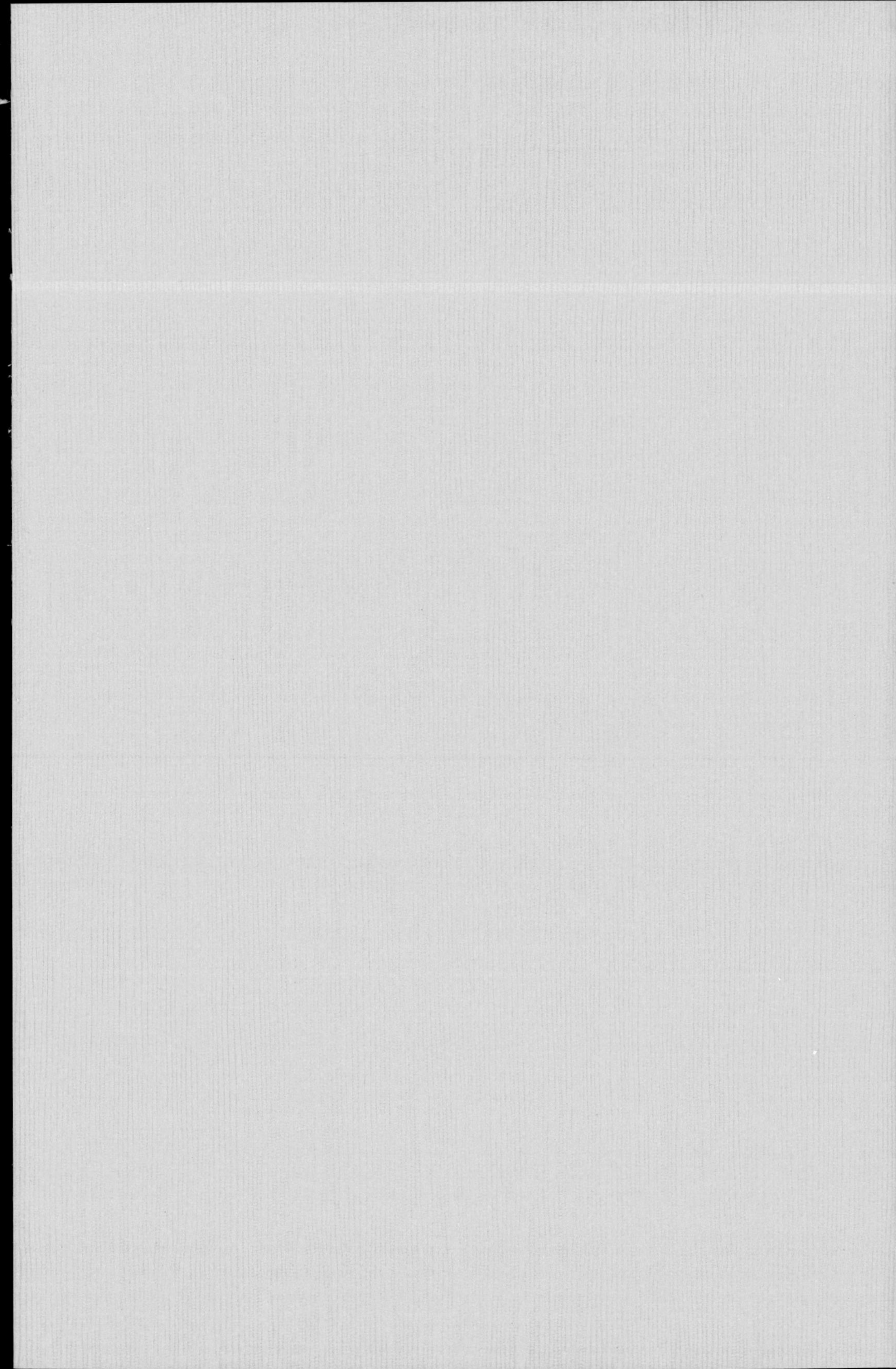

직장인의

스트레스 관리전략

- 몸과 마음을 정화하라! -

전 현 두 저

도서출판 두남

인간 성숙(成熟)의 길을 함께 걸어온
아내 정 명숙과 잘 자라준 승직, 호영 두 아들에게
이 책을 드립니다.

“머리말”

필자가 이 책을 쓰게 된 동기는 솔직히 후배의 권유가 있었기 때문입니다. 저의 평소 생각은 일생에 단 한권의 책을 쓰더라도 좀 더 시간을 갖고 스트레스에 대한 공부가 무르익은 다음, 모든 분들에게 유용하고 가치 있는 책을 쓰려고 생각하고 있었습니다. 그러나 후배가 수년간 쌓아온 스트레스에 대한 지식과 지혜를 이제는 때가 되었으니, 세상에 알리는 것이 좋다고 종용하여 책을 쓰게 되었습니다. 저도 책을 쓰기로 마음먹고 나니, 제가 알고 있는 모든 것을 정성껏 써야겠다는 생각을 하게 되었습니다.

저는 과거에 20여 년간 직장생활을 하면서 많은 스트레스로 인해 힘들고 고통스러운 나날을 보낸 경험이 있습니다. 특히 고도 성장기에 직장생활을 하다 보니 대부분의 휴일은 쉬지 못하고, 가정의 일은 도외시(아이들과 놀아준 기억이 별로 없음)하며, 열심히 회사 일에 전념했던 기억이 납니다. 물론 당시에는 다른 사람들도 저와 마찬가지 입장이었습니다만, 저의 경우에는 다른 사람에 비해 스트레스를 강하게 받은 편이었습니다. 이로부터 벗어나고자 친구의 도움으로 마음공부를 시작하게 되었고, 이와 관련된 책을 헤아릴 수 없을 정도로 독파하였으며, 훌륭한 분이 계시다는 말만 들으면 직접 찾아가 가르침을 청하고 깨우치며 오늘에 이르게 되었습니다. 20여 년간의 직장경험과 이로부터 겪은 다양한 스트레스, 수많은 책에서 얻은 인간의 마음에 대한 지식, 선지식(善知識)으로부터 얻은 인간 본성에 대한 가르침, 다 년간의 기업체 전문 강사활동 그리고 지금까지 삶의 굴곡을 통해 얻은 지혜 등을 바탕으로 스트레스 해결방안을 체계화하였습니다. 그리고 스트레스로 인해 힘든 나날을 보내고 있는 직장인들에게 조금이나마 도움을 주고자 지금 현재 인터넷 상담, 각종 월간 잡지 내지 사보에 칼럼 기고(寄稿) 그리고 스트레스 관리 컨설턴트로 활동하고 있습니다.

저는 과거 직장생활을 했던 선배로서 직장의 후배들을 위해 동병상련(同病相憐)의 마음으로 이 책을 쓸 것입니다. 때문에 스트레스에 대한 이론적이고 학술적인 내용은 가급적 지양(止揚)하고, 독자들이 책을 읽고 실천하면 스트레스가 해소되어 활력 있게 직장생활을 하는데 도움이 되는, 실용적인 측면에서 글을 쓸 것입니다. 이 책을 읽을 때에는 자신의 관념(觀念)을 관찰하면서 천천히 섬세하게 읽어 주기를 바랍니다. 여러분들이 이 책을 섬세하게 읽고 나면 스트레스를 일으키는 근본 뿌리가 잘려나감을 느끼게 될 것입니다. 스트레스를 만든 것은 바로 '나' 자신이기 때문입니다. 부디 스트레스라는 지식 내지 정보를 얻기 위해 이 책을 읽지는 마십시오. 여러분들이 아무리 많은 스트레스관련 책을 읽어도 스트레스가 결코 해결되는 것이 아닙니다. 책은 단지 해결 방편을 소개하고 있을 뿐입니다. 스트레스 해결은 스트레스를 일으키는 근본 뿌리를 제거해야 가능한 것입니다. 바로 이 책은 이러한 방편을 제시해 드릴 것입니다. 모쪼록 이 책을 읽고 많은 직장인들이 스트레스라는 정체를 명명백백히 이해하고, 이에서 벗어나 활력있고 창조적인 직장인이 되었으면 합니다. 또한 직장인이 아니더라도 스트레스로 인해 힘들어하는 일반인들에게도 도움이 될 것입니다. 스트레스 해결을 위한 기본적인 원리와 방법은 동일하기 때문입니다. 책을 읽을 때에는 반드시 처음부터 순서대로 읽지 않아도 됩니다. 여러분의 마음이 끌리는 부분을 먼저 읽어도 되고, 스트레스를 해결하는데 자신에게 도움이 되는 부분을 먼저 읽어도 됩니다. 그리고 산 정상에 오르는 길이 다양한 것과 같이 스트레스 해결을 위한 접근 방법도 여러 가지입니다. 따라서 저는 이러한 점을 감안하여 스트레스와 관련된 개념들을 여러 각도에서 조명할 것입니다. 그러다보니 어떤 주제의 논조(論調)를 다른 주제와 비교해 볼 때 논조의 전개가 다소 배치(背馳)되는 경우가 있을 수 있다는 점을 미리 말씀드립니다.

끝으로 이 책을 쓸 수 있도록 힘써주고 채찍질해준 권 오상박사, 항상 깊은 사랑과 자애로운 배려로서 필자에게 도움을 주었던 김 영회박사, 필자가 매우 힘들 때 마음운동을 전수해 주고 깊은 마음의 위로를 아끼지 않았던 김 심덕선생, 그리고 20대 후반에 같은 직장에서 만나 지금까지 도반(道班)의 길을 함께한 정 진성선생에게 깊은 감사의 마음을 전합니다.

丙戌年 어느 가을하늘 아래에서

隱靑 전 현 두

목차

03 자신의 역량을 높이고 심신을 리플레시하라

04 활력을 방해하는 주범을 찾아 정화시켜라

05 활력 있게 움직이고 차분하게 생각하라

06 일상적 행동을 통해 나를 느껴라

01 스트레스의 본질을 꿰뚫어라

스트레스란 무엇인가?

오늘날과 같이 국내외적으로 경쟁이 치열한 무한경쟁의 시대에는, 사회가 구조적으로나 기능적으로 급격히 변화하기 마련입니다. 그러므로 현재를 살아가는 사람들은 이러한 변화에 슬기롭게 대처하면서 적응해 나가야 합니다. 만약 변화에 적응해 나가지 못한다면 남보다 뒤쳐지게 됩니다. 또한 사람들의 생활이 여유롭고 풍요로워질수록 욕망(慾望)은 더욱 커지게 마련입니다. 사람들은 욕망이 커질수록 다른 사람과 지적(知的), 물적(物的)으로 가진 것을 비교하게 되고, 다른 사람들이 가진 수준에 미치지 못하다고 판단되면, 부족한 것을 채우려고 부단히 노력합니다. 이때 사람들은 자신이 뜻한 바대로 부족한 것이 채워지지 않을 때에는, 상대적으로 심리적 빈곤감 내지 박탈감을 느끼게 됩니다. 그리고 사람들은 개인적 관계이든, 가족적 관계이든, 업무적 관계이든, 사교적 관계이든 다른 사람들과 인간관계를 유지해 나가는 과정에서 이해관계의 부딪침으로 불협화음과 갈등을 겪게 됩니다.

이와 같이 사람들은 삶의 과정에서 외부로부터 많은 압박을 받게 되어, 몸과 마음이 매우 긴장하게 되고 삶의 활력을 잃게 됩니다. 바로 이러한 압박상태와 긴장상태를 발생하게 하는 동인(動因)을 우리는 일명 '스트레스'라고 말합니다. 즉 사람들로 하여금 몸과 마음에 압박감과 긴장감을 느끼도록 하는 외부적 환경과 사람들의 압력이라고 할 수 있습니다.

스트레스는 감정의 파문에 불과할 뿐이다

예전에 사람들은 생활이 힘들 때에는 힘들면 힘든 대로 현명하게 대처해 나가며, 내일의 희망을 갖고 '이렇게 사는 것이 사람 사는 것이구나.' 라고 생각하면서 살아왔습니다. 인간의 삶이 원래 힘든 것이라는 것을 알면서도 그렇게 사는 것이 인간의 삶인 줄 알고 살아 온 것입니다. 필자도 10대에 힘들게 살았지만 그렇게 사는 것이 사람 사는 것인 줄 알았었고, 20 · 30대 때에는 고도 성장기에 직장생활을 하면서 휴일이 없을 정도로 과다한 업무와 통제 속에서 일을 하였습니다. 이로 인해 삶이 매우 고통스럽고 힘들며 짜증스러웠지만, 이렇게 사는 것이 사람 사는 것인 줄 알고 살아왔던 기억이 납니다. 그 때에는 스트레스라는 말이 그렇게 흔하게 사용되지 않았습니다.

그런데 사회가 발전하고 풍요로워지면서 많은 사람들이 과거 어느 때보다도 많이 살만해 졌습니다. 그러다보니 과거에는 사람들이 대체로 잘살지 못하다보니까 남들과 비교해 볼 것도 별로 없이 비슷한 생활을 하였으나, 지금은 가진 것이 있으면 남들과 바로 비교하게 되고 남들보다 뒤떨어지지 않으려고 많은 애를 씁니다. 그리고 사람들은 욕망이 커짐에 따라 욕심이 발동하여 끝없이 부족한 것을 채우려고 노력하지만, 자기 생각대로 채워지지 않음에 따라 심리적으로 더욱 힘들어지게 되었습니다.

더욱이 스트레스라는 말이 외국에서 유입되면서 '어렵고 힘든 상황' 속에서 항상 자연스럽게 느껴 왔던 감정들이 다름 아닌 스트레스라는 사실을 배워서 알게 되었습니다. 그로부터 조금만 힘들면 '스트레스 받아, 스트레스 받아' 하면서 스트레스라는 말을 거침없이 사용하게 되었습니다. '말이 씨가 된다.' 는 말과 같이 마치 스트레스를 노래 부르듯 하다 보니까, 스트레스라는 것이 더욱 강하게 느껴지게 되고 자기 자신에게 돌아 온 꼴이 된 것입니다.

또한 '스트레스는 만병의 근원' 이라는 말을 여러 매체를 통해 수없이 듣다보니 스트레스에 대하여 받아들이는 느낌이 더욱 강해지고 이에 대한 반감(反感)도 커지게 되었습니다. 그리고는 스트레스를 해소하려고 온갖 노력을 다하고 있습니다. 사람들은 여러 가지 방법으로 스트레스를 해소하려고 노력하지만, 그 해소방법들은 사실 스트레스에 초점을 맞추어 조명하니까 해소방법인 것입니다. 해소방법들은 사람들이 반복되는 삶 속에서 심신의 건강을 유지하고 삶의 활력을 되찾으며 기분 전환을 꾀하는 등, 자기 나름의 취양에 맞는 활동을 해나가는 것일 뿐인 것입니다.

스트레스와 관련된 말을 찾아보면 불교에서 유래된 '번뇌(煩惱 ; 뇌에 불이 나는 상태)' 와 유교에서 유래된 '칠정(七情 ; 일곱 가지 감정)' 이라는 말이 있습니다. 이것은 '짜증이 난다' '열 받는다' '답답하다' '두렵다' '괴롭다' '힘들다' '고통스럽다' '무섭다' '불안하다' '밉다' '부럽다' 등과 같은 말로 표현됩니다. 물론 사람들이 이러한 감정에 강하게 반응하는지 약하게 반응하는지는 자신이 처한 상황에 따라 달라지겠지만, 이러한 말들이 모두 번뇌, 칠정의 표현이라는 사실입니다. 따라서 우리는 이러한 감정의 표현을 사람들이 스트레스라는 말로 표현하고 있다는 점을 인식해야 합니다. 그리고 강하게 느껴지고 부정적으로만 비치는 스트레스라는 말을 순화시키는 노력이 필요합니다.

다음은 김 춘수 시인의 시 '꽃'을 '스트레스'와 관련지어 변형시켜 보았습니다. 읽어보면서 '스트레스'는 우리들이 만들어 놓고 스스로 힘들어하는 것임을 느껴 보십시오.

김춘수 시인의 '꽃'

내가 그의 이름을 불러 주기 전에는
그는 다만
하나의 몸짓에 지나지 않았다.

내가 그의 이름을 불러 주었을 때
그는 나에게로 와서
'꽃'이 되었다.

필자의 '스트레스'

우리들이 그 감정들에 이름을 붙여 주기 전에는
그것들은 다만
감정의 파문(波紋)에 지나지 않았다.

우리들이 그 감정들에 이름을 붙여 주었을 때
그것들은 나에게로 다가와 '스트레스'가 되었다.

스트레스라고 해서 다 같은 스트레스가 아니다

스트레스는 사람들이 느끼는 상태에 따라 스트레스가 없거나 미약한 수준인 '이완상태', 스트레스가 적당한 수준인 '일상상태', 스트레스가 과다하나 노력에 의해 조절이 가능한 '극복상태', 스트레스가 심각한 수준인 '좌절상태' 등 4가지 상태로 구분할 수 있습니다. '이완상태'는 몸과 마음이 매우 이완되어 있어 삶이 권태롭고 무기력하며 자기 일 외에는 무관심하고 매사에 소극적이며 나태한 상태입니다. 제3자가 볼 때에는 유유자적(悠悠自適)하고 편해 보이지만 자기발전과 성장에 장애가 됩니다. '일상상태'는 이완과 긴장이 조화로운 상태로서 누구나 살아가는데 통상적으로 겪는 화, 짜증, 시기, 질투, 걱정, 두려움, 슬픔 등의 감정을 느끼고 이겨내면서 지금보다 더 나아지려는 노력을 하며 살아갑니다. 이로 인해 삶의 활력이 넘치고 정신적 각성으로 활기찬 에너지를 유지하게 됩니다. '극복상태'는 스트레스가 과다하여 이를 극복해야 하는 상태로서 심리적으로 불안해하고 매사에 무관심하고 실수를 자주하고 판단력이 저하되고 자기가 한 일에 대해 능력의 한계를 느끼게 됩니다. 이 상태는 자신의 노력여하에 따라 '일상상태'로의 회복이 용이합니다. '좌절상태'는 스트레스로 인해 심리적으로 매우 침체된 상태로서 삶이 고통스럽고 미래에 대한 두려움에 휩싸이게 됩니다. 삶의 의욕을 상실하게 되고 매사에 자포자기하며 심하면 질병을 얻을 수도 있습니다.

독자 여러분들은 어느 상태에 있습니까? 대부분의 직장인들은 일상상태에 머물고 있다고 볼 수 있습니다. 그 정도의 스트레스는 어느 누구나 받고 있는 법입니다. 따라서 지금 여러분들이 스트레스를 받고 있다고 생각한다면 오늘 즉시 벗어 던지십시오. 적어도 극복상태 내지 좌절상태는 되어야 우리가 소위 말하는 스트레스라고 말할 수 있습니다. 즉 과도한 스트레스를 받고 있어야 스트레스 상태에 있다고 할 수 있습니다. 우리가 받는 일상적인 스트레스는 말이 스트레스이지 누구나 살아가면서 접하게 되는 것이며 우리들에게 절대 필요한 삶의 촉진제인 것입니다.

스트레스 상태에 따라 사람을 응대하는 방법도 달라집니다. 이완상태에 있는 사람은 심리적으로 너무 이완되고 편안한 상태에 있기 때문에 어떤 좋은 말로도 변화를 이끌어 가기가 쉽지 않습니다. 이들은 매우 힘든 일에 직면하여 고통스러워야 정신을 바짝 차리게 됩니다. 일상상태에 있는 사람은 삶의 갈등 속에서 '이렇게 사는 것이 사람 사는 것이구나.' 하는 생각이 들도록 일깨우는 작업이 필요합니다. 평소에 겪는 스트레스는 결코 스트레스가 아니라는 사실을 스스로 자각하게 해야 합니다. 극복상태에 있는 사람은 매사에 힘이 들고 불안감을 갖고 살기 때문에 희망적인 비전과 용기를 북돋으면서 인간의 한계를 자각하게 하고 때를 기다리는 마음을 갖도록 합니다. 좌절상태에 있는 사람은 더 나아갈 수 없는 상태에서 자포자기에 빠져있기 때문에 삶의 이치와 인간의 본질에 대한 지혜를 제공하여 자신을 성찰해 볼 수 있는 자세를 갖도록 합니다. 이와 같이 여러 상태에 따라 응대해 주는 방법도 달리해야 당사자들도 자신이 처한 현실을 이해하고 활력 있는 실천적 삶을 위해 노력할 것입니다.

스트레스의 4가지 상태

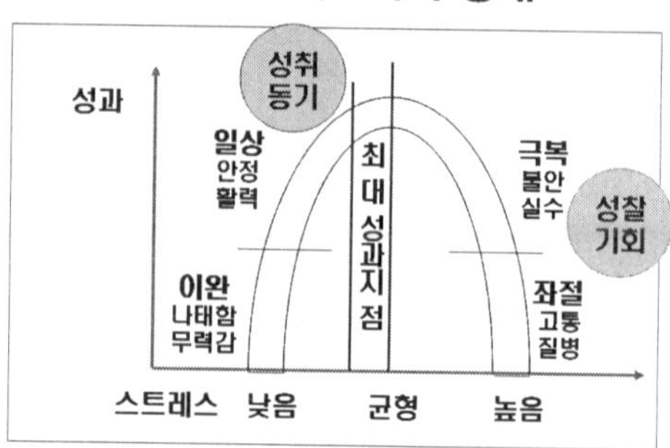

스트레스 상태별 현상

상태	이완	일상	극복	좌절
현상	권태 무기력 사고 무관심 소극적 나태 미 활력	활력 정신적 각성 높은 에너지 지각력 안정적	불안 무관심 실수 판단력 저하 한계인식	고통 공포 두려움 사고 질병 근태부실

스트레스는 직장인을 힘들게 한다

우리는 치열하게 펼쳐지는 무한경쟁의 시대에 살고 있습니다. 우리가 잠시 방심(放心)하는 순간 현실에서 낙오될 수도 있습니다. 조직에서는 직원들에게 보다 높은 생산성과 업무능력 향상 그리고 강도 높은 업무수행을 요구하고 있습니다. 그리고 개개인의 입장에서는 직장생활을 통하여 회사 재직 중이든 퇴사 후이든 장차 자신이 원하는 분야에서 성공하기 위해 남다른 노력을 기울이고 있습니다. 이로 인하여 많은 직장인들이 과거 어느 때보다도 심하게 스트레스를 겪고 있기 때문에 기운(氣運)이 침체되어 활력을 잃고 생활하는 경우가 많습니다.

중요한 것은 우리가 업무를 수행하고 있든 자기실현을 위해 노력을 하고 있든 우리의 몸과 마음이 평온하고 가벼운 상태에서 일을 해야 모든 일에 능률이 오르고 성과(成果)가 있는 법입니다. 그런데 현실은 어떻습니까? 안팎으로 몸과 마음이 시달리고 있지는 않습니까? 겉으로는 열심히 몸과 마음을 움직이고 있지만 스트레스로 인해 여러분의 움직임이 방해받고 있지는 않습니까? 아무리 폭넓은 지식과 정보를 쌓아간다고 해도 스트레스로 인해 여러분 몸과 마음의 기운이 정체되고 조화롭지 못하다면, 여러분이 생각한 만큼 바람직한 성과를 얻을 수 없습니다. 그러므로 직장인 스스로 스트레스를 적절히 관리해 나가는 것은 매우 중요한 일입니다.

스트레스는 사고방식에 따라 다르게 느껴진다

일반적으로 사람들은 스트레스가 발생하는 원인에 대하여 말하기를 마음과 몸의 긴장상태를 유발하는 외부적인 상황 내지 사람들 간에 발생하는 불만족스러운 사건들이라고 합니다. 그런데 이 외부적인 사건들이 여러 사람들이 함께 있는 동일한 상황에서 발생했다고 가정할 때 외부적 사건에 대한 사람들의 느낌은 결코 동일하지 않습니다. 그것은 사람들이 그 사건을 긍정적인 시각으로 보느냐 아니면 부정적인 시각으로 보느냐에 따라 달라집니다.

외부적 사건을 긍정적인 시각으로 보는 사람들은 스트레스를 적게 받게 되고, 반면에 부정적인 시각으로 보는 사람들은 스트레스를 상대적으로 많이 받게 됩니다. 예를 들어 업무결과에 대하여 상사로부터 질책을 받았을 때, 긍정적 시각을 갖은 직원은 "내가 잘못한 것 같구나, 기분은 나쁘지만 일을 더욱 잘하라고 하는 채찍질이구나." 하고 상사의 질책을 좋게 받아들이기 때문에 스트레스를 적게 받게 됩니다. 그러나 부정적인 시각을 갖은 직원은 "이거 너무 한 것 아니야, 열심히 했는데 남 보기 창피하게." 라고 생각하고 내면에서 올라오는 격분(激憤)된 감정에 휘말리면서 스트레스를 많이 받게 됩니다. 이처럼 스트레스는 개개인의 사고방식에 따라 달리 느껴지기 때문에 우리가 스트레스를 덜 받으려면 가급적 긍정적인 생각을 하는 것이 매우 중요합니다.

스트레스는 삶의 자연스러운 현상이다

지금 이 순간에 사람들이 존재하려면 반드시 숨을 쉬어야 합니다. 그리고 사람들이 숨을 쉬기 위해서는 '들숨과 날숨'이 반드시 교차해야 합니다. 산모(産母)가 아이를 낳을 때에는 '수축과 팽창' 이라는 자연현상이 교차하면서 아이가 태어나게 됩니다. 만약 한 가지 작용으로 '들숨과 수축' 만이 있다면 어떻게 될까요? 숨을 쉴 수 없으며 아이를 낳을 수도 없습니다. 이러한 상호 교차되는 현상을 대부분의 사람들은 매우 당연한 것으로 받아들입니다. 반면에 사람들은 평온과 혼란, 활력과 스트레스, 이완과 긴장이 교차되는 삶 속에서, 이러한 사실들을 인정하고 살아가면서도 혼란 · 스트레스 · 긴장은 바람직하지 못한 것으로 간주하고 긍정적으로 받아들이지 않는 경우가 많습니다.

우리들의 삶을 돌이켜 보면 항상 평온하지만은 않습니다. 평온할 때가 있으면 긴장되고 혼란스러운 때도 있습니다. 그리고 일정한 시간이 지나면 긴장과 혼란스러움이 사라지고 평온해 집니다. 이러한 사이클은 반복적으로 되풀이 하며 우리들에게 다가오게 됩니다. 그러므로 긴장과 혼란스러움으로 인한 스트레스도 삶의 과정에서 발생하는 하나의 자연스러운 현상으로 받아들여야 합니다. 사람들은 예외 없이 스트레스 영향권 밖에서 살아갈 수 없는 것입니다. 이러한 사실을 거부하지 말고 수용하는 자세가 중요합니다.

스트레스가 나쁘다고 거부하고 저항한다면 인간으로 살아갈 수 없습니다. 우리들은 스트레스를 회피할 수도 없고 제거할 수도 없습니다. 다만 스트레스를 현명하게 관리하는 생활의 자세가 필요할 뿐입니다. 만약 우리가 스트레스를 회피하고 이를 제거하려고 노력한다면 스트레스는 더욱 커지게 됩니다. 그리고 스트레스는 우리를 더욱 고통 속으로 밀어 넣을 것입니다. 우리가 스트레스를 회피할 수도 없고 제거할 수도 없다면 어떻게 해야 할까요? 현명한 길은 스트레스 정체를 명확히 밝혀내고 스트레스를 삶의 일부로 받아들이는 것입니다.

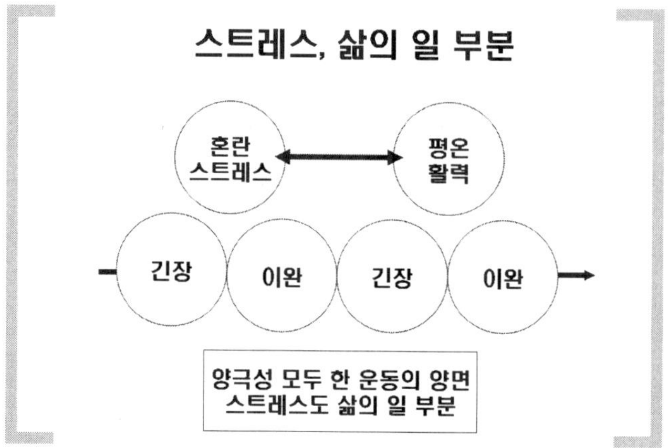

스트레스는 인간을 성장시키는 엔진이다

일반적으로 사람들은 스트레스가 몸과 마음의 건강을 해치는 가장 큰 주범이라고 믿고 있기 때문에 스트레스를 나쁜 것으로 인식하고 있습니다. 그러나 과도하지 않은 적당한 수준의 스트레스는 삶의 촉진제와 활력소가 될 수 있습니다. 또한 우리가 사물을 수용하는 마음자세에 따라 스트레스는 사람들에게 부정적으로 작용할 수도 있고, 건설적으로 작용할 수도 있습니다. 그러므로 우리는 단적으로 스트레스가 항상 해로운 것이라고 말할 수 없는 것입니다. 스트레스는 사람의 마음을 자극하여 어려운 상황을 뚫고 나아가게 하고, 목표를 성취할 수 있도록 잠재된 힘을 끌어올리며, 성취동기를 유발시켜 개인생활 내지 직장생활의 활력을 불어 넣기도 합니다. 우리가 스트레스를 어떻게 다루는가에 따라서 스트레스는 우리들의 건강과 행복에 큰 영향을 미치게 됩니다. 사람들은 똑 같은 스트레스 상태에서도 각각 다르게 반응합니다. 이것은 사람들이 처한 상황에 대해서 느끼는 바가 다르기 때문입니다. 바로 자기인식의 문제인 것입니다.

스트레스는 삶에 있어서 인간을 성장시키는 원동력 중의 하나입니다. 그리고 스트레스는 삶의 문제와 관련하여 자기 자신에 대해서 깊이 생각하게 합니다. 예를 들면 직장에서 잘 나가는 경우에 "왜 저를 이렇게 잘나게 해주고 계십니까?" 하고 기도드리는 사람은 아마도 거의 없을 것입니다. 반면에 직장에서 고전하고 있는 경우에는 "왜 저는 하는 일마다 이렇게 잘되질 않습니까? 저에게 어떤 문제가 있는지요?" 하고 자신을 돌이켜 보게 됩니다. 우리는 바로 이러한 스트레스 상황을 인간 성장의 발판으로 삼아야 합니다. 스트레스가 없다는 것이 지금 당장은 자신에게 좋을지는 모르겠으나 결코 자랑거리가 아닙니다. 어떤 측면에서 보면 매우 불행한 일입니다. 이것은 우리들이 현실에 만족하며 정체되어 있다는 의미로서, 그대로 머무르고 있는 자는 성장·발전할 수 없습니다. 스트레스가 성장의 엔진이 되어야 합니다. 따라서 우리는 스트레스를 긍정적인 에너지로 전환시켜야 합니다.

스트레스가 없는 삶은 무의미한 삶이다

어느 누구나 살아가면서 스트레스가 자기에게는 미미(微微)하거나 발생하지 않기를 바라는 마음은 인지상정(人之常情)일 것입니다. 물론 스트레스가 너무 심하면 심신에 부조화가 발생하게 되어 삶의 활력을 잃고 원만한 일상생활이 용이하지 않을 것입니다. 특히 직장인의 경우에는 활기찬 직장생활이 되지 못하고 효과적인 업무수행이 힘들어지며 업무성과도 소망스럽지 못할 것입니다. 그런데 간혹 "나는 스트레스를 받지 않는 사람이야!" 하면서 마치 스트레스가 없는 것이 자랑인 것처럼 자신을 남에게 드러내는 사람들이 있습니다. 스트레스가 없다는 것은 현재상황에 대하여 문제의식 없이 '좋은 게 좋다는 식' 으로 반응하고 있는 것으로서 저항적이고 도전적인 마음이 없다는 것입니다. 다른 한편으로는 현재상황이 너무나 편안하고 긴장감이 없는 상태이기 때문에 마음이 과도하게 이완되어 있어 무기력해 지게 됩니다.

논농사를 지을 때 농부들은 논의 흙에 공기가 원활이 순환되어 농사가 잘 되도록 논에 미꾸라지와 메기를 함께 키웁니다. 미꾸라지만 키우면 천적(天敵)이 없다보니 미꾸라지는 활력을 잃고 논의 흙을 뒤집으며 다니지 않고 가만히 있는 경우가 많습니다. 이때 천적인 메기를 논에 넣으면 미꾸라지는 스트레스를 받게 되고 잡아먹히지 않으려고 도망 다니면서 논의 흙을 헤집어 원활한 공기의 순환을 돕는다는 것입니다. 이것은 다년간 경험에서 나온 지혜의 산물로서 메기를 통해 미꾸라지에게 적절한 스트레스를 주어 성과를 올리게 된다는 것입니다.

이처럼 사람들에게 스트레스가 없다면 현재상태에 머무르게 되고 몸과 마음이 역동성과 활력을 잃게 되어 매사에 무기력해지게 됩니다. 그리고 하루하루를 문제의식 없이 지루하고 의미 없는 나날을 보내게 됩니다. 그래서 더욱 나태해지고 소극적이 되며 자기 일 외에는 무관심으로 일관하게 됩니다. 한마디로 삶의 활력이 현저하게 떨어지게 됩니다. 직장인의 경우에는 창의성과 도전정신은 찾아 볼 수 없게 됩니다. 특히 조직분위기가 좋은 직장의 경우 조직이 급속히 어려움에 처할 때 그리고 조직이 급격한 변화를 요구받을 때에는, 지금까지 편하고 안정된 생활에 적응되어 왔기 때문에 직원들은 상대적으로 스트레스를 비교적 많이 받게 됩니다. 인간의 마음은 만족하고 안정된 상태에 있게 되면 그 자리에 계속 머물려는 속성(屬性)이 있기 때문입니다. 따라서 조직은 직원들이 스트레스를 많이 받는 것도 문제지만 스트레스를 받지 않게 하는 것도 문제임을 인식하고 강온(强穩) 양면의 절묘한 조직관리가 필요합니다.

적당한 스트레스는 '삶의 활력소'가 된다

사람이 살아가는데 평온하기만 하고 스트레스가 없다면 어떻게 될까요? 스트레스가 없다면 지금 당장은 편히 쉴 수 있어서 좋을지 모르겠으나, 삶의 활력이 저하되고 무기력해 질 수 있습니다. 또한 현재상태에 만족하게 되고 그대로 머무르게 됩니다. 이는 자기성장 내지 발전에 걸림돌이 될 수 있습니다. 반면에 스트레스가 너무 과도한 경우에는 사람들의 몸과 마음이 지치고 힘들어 집니다. 이로 인해 사람들은 심리적으로 혼란을 겪게 되고 불안해 지며 좌절하게 됩니다. 특히 직장인의 경우에는 담당하고 있는 업무의 능률은 물론 업무의 성과가 떨어지게 됩니다.

스트레스는 없어도 문제이고 과도해도 문제가 됩니다. 스트레스가 없는 경우는 몸과 마음이 활력을 잃고 축 쳐져 있는 이완상태에 있게 되고 스트레스가 과도한 상태에서는 온 신경이 머리로 몰리는 긴장상태에 있게 됩니다. 그러나 스트레스가 적당한 상태에서는 항상 사람들의 마음이 깨어있게 되어 자신의 행동거지를 냉철히 바라볼 수 있게 되고, 스스로 동기부여를 하면서 자신의 활로(活路)를 만들어 갑니다. 이처럼 적당한 스트레스는 우리들의 삶에 '활력'을 불어 넣어 줍니다.

그러면 적당한 스트레스란 무엇을 의미하는 것일까요? 긴장과 이완상태가 조화롭고 적절하게 교차하면서 유지되는 상태를 말합니다. 예를 들면 직장의 분위기가 너무 좋아 직원들이 긴장감 없이 자유스러운 분위기 속에서 일을 한다고 가정해 봅니다. 이때 직원들이 너무나 긴장감 없이 이완상태에 놓여있고 업무성과도 미흡하다고 직장 상사가 판단하게 되면. 직원들이 빠르게 움직일 수 있도록 직원들에게 적절한 긴장감을 불러일으킬 필요가 있습니다. 의도적으로 시한(時限)적인 업무과제를 부여하든가 조직 분위기를 무겁게 하여 직원들이 긴장을 느끼도록 합니다. 지금까지의 이완상태에서 긴장상태로 말입니다.

반면에 긴장상태가 오래 지속되었고 업무에 임하는 직원들의 자세가 변화되었다고 판단되면, 상사는 직원들과 개인적으로 면담을 하든지 전 직원 회식을 하든지 동호회 활동을 하든지 여러 가지 형태의 만남을 통해 긴장상태를 이완상태로 전환시킵니다. 이때 직원들은 그 동안의 긴장상태로부터 자연스럽게 풀려나게 됩니다. 이와 같은 상사가 취하는 일련(一連)의 행동은 직원들의 심리상태를 적절히 긴장과 이완, 이완과 긴장으로 이끌어 가는 것입니다. 이는 업무 극대화를 위한 방편으로서의 스트레스 관리라 할 수 있습니다.

스트레스는 나 자신이 만든 것이다

사람들은 일반적으로 스트레스 원인을 외부적인 상황과 사람들에게서 찾는 경우가 많습니다. 예를 들어 도로 상에서 교통사고가 발생했을 때, 사람들은 많든 적든 스트레스를 받게 됩니다. 이때의 사고 처리과정 상황을 잘 지켜보면, 당사자 모두 '나는 잘못하지 않았고, 상대방이 잘못했다' 는 논조(論調)가 대부분입니다. 바꿔 말하면 상대방이 잘못했기 때문에 교통사고가 발생했고 이로 인해 내가 지금 어려움을 겪고 있다는 말이 됩니다. 깊이 생각해 보면 스트레스 원인은 자신이 현재 처해 있는 상황이 자신의 믿음과 가치기준에서 바람직하지 못하다고 느낄 때, 이에 대해 저항하면서 현실을 받아들이지 못하기 때문에 발생하는 것입니다.

직장인의 경우 처리해야 할 업무가 많아 제때에 퇴근을 못해서 많은 스트레스를 겪는 경우가 있습니다. 이 때 과다한 업무가 현실적으로 어쩔 수 없는 경우, "내가 하지 않으면 누가 하겠어. 힘들어도 참고 견디자." 하고 현실을 있는 그대로 받아들이고 처리해 나간다면 스트레스는 상당 부분 감소될 것입니다. 그러나 이들이 눈앞에서 펼쳐지고 있는 현실을 받아들이지 못하고, 저항하며 불평불만을 드러낸다면 스트레스는 더욱 강하게 반응하게 됩니다. 바로 스트레스는 자신이 처한 상황에 대하여 어떻게 인식하고 대처하느냐에 밀접한 관계가 있는 것입니다. 한마디로 스트레스의 근본 원인은 절대적으로 자기 자신입니다. 그러나 사람들은 이러한 사실을 쉽게 인정하지 않습니다.

왜 쉽게 인정하지 않을까요? 그것은 아마도 우리들이 지금까지 살아오면서 자기 스스로 스트레스의 원인을 섬세하게 탐구해 보지 않았기 때문일 수도 있고, 겉으로 드러난 스트레스 증상에 대하여 해소 위주의 행동에 길들여져 있기 때문일 수도 있습니다. 스트레스는 외부의 자극으로부터 오는 것이 아니라, 자기 자신이 만들었다는 사실을 명확하게 인식하고 자기 탓으로 돌릴 때 지금까지 느껴왔던 스트레스의 강도(强度)가 상당 부문 완화되리라 생각됩니다.

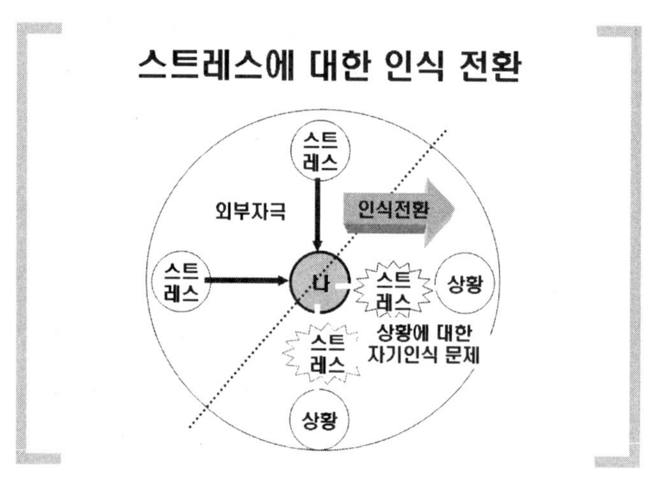

무엇 때문에 스트레스를 받게 되는가?

일반적으로 사람들이 받는 스트레스는 자신이 처해 있는 상황에 따라 다양합니다. 이와 관련하여 몇 가지 주요 내용을 중심으로 정리해 보았습니다. 다음 항목을 읽어가면서 자신에게 해당되는 것이 있으면 체크해 보십시오. 그리고 스트레스 요인이 비록 자신에게는 해당되지 않지만 다른 사람들에게는 해당 될 수 있다고 생각되면, "아, 다른 사람들은 이런 문제 때문에 고통 받을 수 있겠구나!" 하고 주위의 사람들을 이해하는 마음을 갖도록 하십시오. 자! 시작해 보십시오.

- 인간적 상실감 ; 가족의 죽음, 배우자와 이혼, 별거 상태
- 금전적 문제 ; 생활하기 곤란, 과다한 부채, 수입원의 상실, 금전적 손실
- 은퇴 ; 정년퇴직, 회사에서 퇴출
- 개인적인 질병 ; 지속적으로 병원에 가야할 정도의 질병
- 삶의 양식 변화 ; 지금보다 못한 환경으로의 변화
- 가족구성원의 변화 ; 결혼, 시부모 봉양, 가족의 질병
- 생활환경 불편 ; 소음, 공해, 악취, 교통, 편의시설의 불편
- 사람간의 갈등 ; 부부간, 가족간, 지인간의 불화
- 미래에 대한 두려움 ; 현재보다 못한 상실의 두려움
- 자녀 문제 ; 자녀와의 의사소통 문제, 교육 · 진로 문제
- 노후 문제 ; 노후 자금의 부족, 노후 자금에 대한 미 준비

이상과 같이 미래에 대한 두려움, 사람간의 심한 갈등, 불편한 생활환경, 개인적인 질병, 금전적인 문제, 자녀문제, 노후문제 등이 현대인을 힘들게 합니다. 이러한 것들은 개인적인 노력을 통해 상당 부분 해소될 수 있겠지만, 우선적으로 자신의 생각을 바꿔 수용할 것은 수용함으로써 스트레스를 경감(輕減)시키는 생활의 자세가 필요합니다.

직장에서는 직원들에게 보다 높은 생산성과 업무능력 향상 그리고 강도 높은 업무수행을 요구하고 있습니다. 이에 따라 직원들은 업무를 신속하게 처리해야 한다는 조급함, 업무를 완벽하게 해내야 한다는 책임감, 업무과다로 인한 피로감, 끝없는 자기개발을 향한 부담감, 업무수행 능력 부족으로 인한 자신감 상실, 연봉 책정에 따른 불만, 언제 직장을 그만 둘지 모른다는 불안감, 상사 내지 동료와의 업무적 갈등, 상사의 비인격적이고 공평하지 못한 대우에서 오는 비하감(卑下感), 안전사고의 위험성 등 이외

에도 수많은 상황들이 직장인들을 압박하고 있습니다. 바로 이러한 조급함, 긴장감, 두려움, 갈등, 피로감, 불안감, 상실감 등을 평소에 제대로 해소하지 못할 경우에는 스트레스가 쌓이고 쌓여, 종국에는 몸과 마음이 매우 지치고 힘들게 되어 자신의 역할을 제대로 수행할 수 없게 됩니다. 더 나아가 질병에 걸리게 되거나 심하면 업무상 가장 큰 재해인 죽음에 까지 이르게 됩니다.

스트레스는 사람들에게 어떤 영향을 미치는가?

↠스트레스의 일반적 증상

스트레스가 발생하게 되면 인간의 생명력은 우리들이 처해 있는 상황에 대응하여 가능한 신속하게 행동할 수 있도록 몸의 저항력을 상승시킵니다. 그리고 근육활동을 원활하게 하고 상황에 대한 경계를 용이하게 하도록 해 줍니다. 즉 화재와 같은 긴급하고 위험한 상황에 처할 때 재빠르게 동작을 취하고 위험으로부터 벗어나게 합니다. 그러나 부정적인 측면에서 보면 뇌에서 아드레날린이라는 물질이 분비되어 인체의 혈관을 수축시키고 이어 혈액의 흐름 장애를 일으키며 인체의 저항력을 약화시킵니다. 결국 스트레스가 제때에 해소되지 않고 누적되어 갈 경우 인체의 저항력이 약해져서 질병에 이를 수 있게 됩니다.

스트레스가 발생하여 나타나는 증상은 심리적, 육체적 측면으로 나누어 살펴볼 수 있습니다. 이때 각 증상들은 누구에게나 획일적으로 똑같이 나타나는 것이 아닙니다. 사람의 기질과 체질에 따라 다양한 형태로 나타납니다. 첫째, 심리적으로는 지나친 음주와 흡연, 매사에 의욕상실, 하는 일에 대한 집중력 부족, 사소한 것에 대한 짜증과 공격성, 만성적 피로감 등의 증상이 나타납니다. 둘째, 육체적으로는 몸의 무거움 증, 근육의 긴장, 두통, 식욕 부진, 소화 불량, 수면 장애 그리고 성기능 장애 등의 증상이 나타나게 됩니다.

↠스트레스로 인한 질병

사람들은 평소에 몸과 마음의 활력과 건강을 위해 운동, 등산, 취미활동 등을 하면서 쌓였던 스트레스를 해소해 나갑니다. 이를 반증이나 하듯 휴일이 되면 등산, 자전거타기, 달리기를 하는 사람들이 많이 눈에 띄게 됩니다. 그러나 많은 사람들은 바쁜 일상 탓인지는 몰라도 스트레스를 대수롭게 생각하고 그대로 방치하는 경우가 많습니다. 어떤 사람은 성격상 참고 견디면서 스트레스를 무시하고 지나갑니다. 그러나 시간이 흐르면서 자신도 모르게 스트레스가 쌓이고 쌓이다 보면 면역체계가 고장이 나게 됩니다. 결국 이로 인해 사람에 따라 경중(輕重)의 차이는 있겠지만 여러 가지 증세가 육체에 드러나게 됩니다. 이는 하천 밑에 모래가 잔득 쌓였으나 제때에 준설(浚渫)공사를 하지 않아 장마철에 하천의 물이 제대로 흐르지 못하고 하천 둑이 넘쳐 많은 피해를 일으키는 경우와도 같습니다.

이때 사람들의 면역체계가 고장이 났다는 것은 여러 가지 스트레스 성 질환이 외부로 드러났다는 것을 의미합니다. 이로 인해 사람들은 심신이 힘들어 짐으로써 일상적인 자신의 역할을 충실하게 할 수 없게 됩니다. 일상적으로는 근육의 긴장, 두통, 식욕부진, 소화불량, 수면 장애, 성기능 장애 등의 증상이 나타나게 됩니다. 그리고 스트레스 축적이 심화되어 기혈(氣穴)의 흐름을 막고 이로 인해 사혈(死血)이 쌓이게 되어 산소의 공급이 원활하지 못함으로써 스트레스성 질병인 각종 암, 뇌질환, 심장질환, 위장질환 등이 발병하게 될 수도 있습니다. 바로 이러한 질병의 원인을 상당부분 스트레스로부터 비롯된 것으로 보기 때문에 '스트레스는 만병의 근원' 이라고 하는 것입니다. 사람들은 스트레스로 인해 증상이 드러난 질병에 대해서는 치료의 중요성을 갖고 치료에 적극적으로 임하지만, 정작 스트레스를 일으킨 마음에 대해서는 등한시하는 경우가 많습니다. 스트레스는 대체로 마음으로부터 발생하는 것이기 때문에 스트레스를 일으킨 자신의 마음상태를 먼저 점검해 보는 것이 무엇보다도 중요합니다.

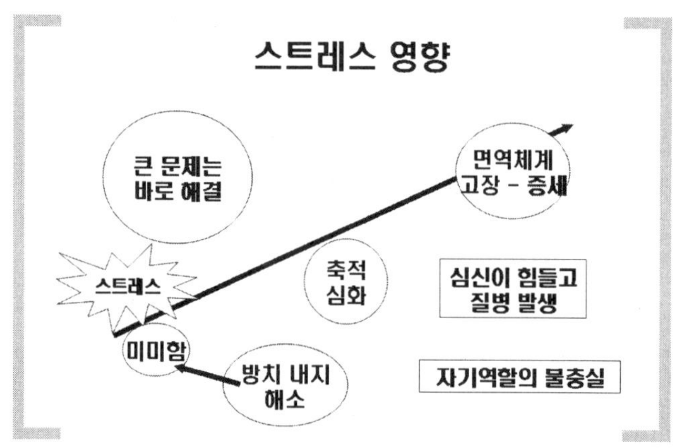

↠스트레스가 직장인에게 미치는 영향

스트레스가 직장인에게 미치는 영향을 살펴보면 업무수행 능력과 업무능률(제품생산 현장의 경우 인당 생산성)이 저하되고 근무태도가 부실해 지며 하는 일에 대한 자신감과 열정이 떨어지고 맡은 일을 소홀히 다루게 되며 동료들과의 인간관계가 원만하지 않게 됩니다. 그리고 정신이 깨어있지 못하기 때문에 안전사고의 위험성이 도사리고 있습니다.

스트레스를 제때에 해결하지 않고 소홀히 다룸으로써 조직과 직원 개개인에게 많은 피해를 주게 됩니다. 특히 개인적으로 병을 키우게 되고 자신과 가정의 행복을 파괴할 수도 있는 것입니다. '호미로 막을 것을 가래로 막는다.' 는 옛말과 같이 큰 문제가 발생한 후에 후회하지 말고 평소에 스트레스를 철저하게 관리해 나가는 자세가 요구됩니다. 이것은 직원 개개인만이 해결해야 할 문제가 아니라 조직의 관리자, 경영자들도 책임을 가지고 적극적으로 해결해 나가는 자세가 필요합니다. "스트레스는 개인이 받는 개인의 문제이니까 직원 스스로 알아서 해!" 라고 말할 것이 아니라, 직장 내에서 스트레스를 발생시키는 여러 가지 요인에 대한 제도적인 개선과 더불어 본질적이고 실천적인 스트레스 해결방법-의외로 많은 직원들이 잘 모르고 있음-을 알게 해주는 기회의 제공 등이 필요할 것입니다.

직장인에게 영향을 주는 또 다른 스트레스 요인을 살펴보라

직장에 다니는 어떤 사람이 심한 스트레스 상태에 있을 때 사람들은 그가 직장인이기 때문에 직장 스트레스로 인해 고통을 받고 있다고 생각하기 쉬습니다. 그러나 직장 스트레스로 인해 그 사람이 힘들어하고 있다고 단정지울 수는 없습니다. 직장인은 '일개인'이면서 '가족의 일원'이고 '배우자'일 수 있습니다. 즉 한 사람이 여러 가지 역할을 하고 있는 셈입니다.-내용 전개의 흐름상 이후에는 역할과 관계되는 범위를 '영역'이라고 칭함-그렇기 때문에 각 영역 간에 서로 영향을 주고받습니다. 즉 하나의 영역이 다른 영역에게 영향을 미칩니다. 예를 들면 직장에서의 스트레스는 퇴근 후 가정으로 돌아가서 가족간 혹은 부부간에 또 다른 스트레스를 유발시킬 수 있습니다. 그리고 부부간의 갈등으로 인한 스트레스 상태일 경우에는 직장에 가서 또 다른 스트레스를 유발시킬 수 있습니다. 건강문제로 인해 개인적인 스트레스 상태에 있는 경우에도 직장에서 또 다른 스트레스를 유발시킬 수 있습니다. 때문에 개인, 업무, 부부, 가족 등의 각 영역별로 사람들의 스트레스 상태를 점검하는 것이 중요합니다.

직장의 동료가 심한 스트레스 상태에 있다고 할 때 직장에서 발생한 스트레스 때문이라고 단정지우지 말고 개인, 부부, 가족 간에는 문제가 없는지, 다른 영역에 대해서도 명확하게 사실을 파악하고 적절히 대응해 나가야 할 것입니다. 특히 맞벌이 부부

일 경우에는 부부 모두 직장에서의 스트레스를 가슴에 담고 귀가하여 서로의 배우자에게 짜증을 내고 화풀이를 함으로써 배우자의 가슴에 상처를 입히고 부부간의 갈등을 유발(誘發)할 수 있습니다. 이러한 부부간의 갈등이 직장에서 또 다른 스트레스를 유발하여 악순환(惡循環)을 거듭할 수 있다는 점을 유념해야 할 것입니다.

직장의 스트레스와 직장에 대한 만족도와는 밀접한 관계가 있다

직장인들은 스트레스를 가급적 받지 않고 편하게 직장생활하기를 바랍니다. 또한 직장에 대한 자신들의 요구가 받아들여져 직장 만족도가 높아지기를 바랍니다. 그러나 이러한 '바람'은 단지 이상(理想)일 뿐입니다. 직장의 스트레스와 직장에 대한 만족도를 현실적으로 살펴보면 일반적으로 직장에서 스트레스가 높으면 직장에 대한 만족도는 대체로 낮아지고 직장생활에서의 활력이 떨어지게 됩니다. 반면에 스트레스가 낮으면 만족도가 대체로 높아지고 직장생활에서의 활력이 상승(上昇)하게 됩니다. 이처럼 스트레스와 만족도에 대한 느낌이 상반되게 나타나게 됩니다. 그러나 팀 또는 개인간에 업무목표달성을 위한 경쟁이 치열하고 팀간 또는 동료간의 갈등이 자주 발생하고 상사로부터 시달림을 받고 있으며 담당하고 있는 업무가 과다한 상태로서 스트레스가 높은 환경에서도 어떤 직원은 높은 스트레스와 높은 만족도를 동시에 갖고 있는 경우가 종종 있습니다. 어떻게 이러한 경우가 발생할 수 있을까요? 이런 경우는 자기 나름의 방법으로 자기관리 내지 스트레스관리를 잘 하고 있다고 볼 수 있습니다. 이들은 직장에서 스트레스로 인해 힘들어하면서도 "그래, 지금은 힘들지만 이것은 나를 더욱 성장시키기 위해 주는 좋은 기회일 것이야!" 라고 다짐하면서 긍정적인 마음자세를 갖고 업무에 임합니다. 또한 직장의 좋은 점만을 찾아서 항상 가슴에 새기고 적극적으로 생활하는 자세를 가집니다. 여러분들은 지금은 어떤 마음자세로 일하고 있는지 자신을 성찰해 보십시오.

어떤 사람들이 스트레스를 많이 받는가?

우리들은 주변에서 유난히도 스트레스를 많이 받는 사람들을 만나게 됩니다. 그들이 스트레스를 왜 그렇게 많이 받고 있는지 이해가 가지 않을 때도 있습니다. 그러면 스트레스를 많이 받는 사람은 과연 어떤 사람일까요? 다음과 같이 스트레스를 많이 받는 사람들에 대한 특성을 정리해 보았습니다. 한번 읽으면서 자신에게 해당되는 항목이 있는지 체크해 보는 것도 앞으로 자신의 스트레스를 관리해 나가는 데 도움이 될 것입니다. 체크항목이 많을수록 스트레스를 다른 사람들보다 상대적으로 많이 받는다고 보아야 할 것입니다.

- 과업을 일단 시작하면 반드시 끝내야 한다.
- 약속시간에 절대 늦지 않는 편이다
- 경쟁심이 강하다.
- 대화할 때 상대방의 말을 가로채고 앞지른다.
- 매사에 항상 서두른다.
- 기다리지 못하는 편이다.
- 일을 신속하게 처리한다.
- 한 번에 여러 가지 일을 한다.
- 준엄하고 강하게 말한다.
- 자기가 한 일에 대해서 인정받기를 원한다.
- 일을 서두르면서 행한다.

- 운전할 때 과속을 많이 한다.
- 자신의 감정을 숨기는 편이다.
- 일 이외에는 다른 것에 거의 흥미가 없다.
- 야심이 많고 직장에서 빠른 승진을 원한다.
- 책임감이 큰 편이다.
- 매우 진지하게 일을 하며 일거리를 갖고 집에 간다.
- 매사에 꼼꼼하다.

위의 특성을 정리해 보면 짧은 시간에 많은 것을 해치워야 직성이 풀리고, 시간에 대한 과도한 긴박감을 지니고 있으며, 매사에 경쟁적이며 경쟁상대에 대해 과도한 적개심을 나타내고, 하고 있는 일을 좋아하고 야심적이며, 최고 위치에 오르려는 욕망으로 가득 차 있습니다. 이러한 특성을 갖은 사람들은 대체로 직장 내에서 열심히 일에 몰두해 인정받고 성공하는 경우가 많지만 자신의 한계를 벗어난 과잉 의욕이 문제를 일으킬 수 있습니다.

스트레스를 많이 받는 사람들은 건강 측면에서 볼 때 스트레스를 많이 받아 과잉 분비되는 아드레날린과 같은 호르몬에 의해 심장에 혈액을 공급해주는 관상동맥이 수축돼 협심증과 같은 심장질환을 앓게 되고, 어느 정도의 목표를 달성한 이후에는 갑자기 다가오는 우울증과 자신의 삶에 대한 회의감, 공허감으로 괴로워할 수 있습니다. 따라서 이들은 평소에 자신의 몸과 마음을 잘 관리할 필요가 있는 사람들이라 할 수 있습니다.

02 현실을 긍정적인 마음으로 대처하라

경쟁 우위에 서려면 몸과 마음을 잘 관리하라

지금은 글로벌 경쟁시대로서 새로운 아이디어, 기술 그리고 맨파워가 경쟁을 주도하는 시대입니다. 때문에 조직은 직원들에게 창의력 개발과 업무능력향상 그리고 어떤 상황에도 대응할 수 있는 리더십을 요구하고 가시적(可視的)인 성과를 기대합니다. 이를 위한 일환(一環)으로 조직에서는 직원들에게 각종 직무 및 능력향상교육을 실시합니다. 직원들의 능력을 향상시키고 이를 토대로 하여 조직이 더욱 발전하기 위한 시도라 할 수 있습니다. 바로 이러한 점을 강조하다 보니-예를 들어 판매가 저조하면 판매향상을 위한 정신무장 내지 판매기술 교육을 실시함-마음으로는 중요하게 여기지만 현실적으로는 소홀히 다루는 부분도 눈에 띄게 마련입니다. 직원들이 활력 있는 몸과 마음을 유지해 나갈 수 있도록 하는 스트레스 관리시스템이 바로 그것입니다.

조직이 좋은 성과를 얻기 위해 직원들에게 창의력을 개발하고 능력을 향상시키라고 해도 직원 입장에서 보면 결코 쉬운 일만은 아닙니다. 왜 그럴까요? 그러한 가시적 성과는 기계가 아니고 직원인 '사람'이 하는 일입니다. 직원들은 현실적으로 짜증, 분노, 상실감, 불안, 두려움의 감정을 느끼며 직장생활을 하고 있습니다. 바로 이러한 감정은 인간의 무한능력이 내재하고 있는 잠재의식의 발현(發顯)을 방해합니다. 의식적으로는 하고자 하는 마음이 강하다고 하더라도 이러한 감정이 하고자 하는 마음을 방해하고 있는 것입니다. 우리는 이러한 사실에 대하여 너무나 무지하기 때문에 무조건 마음만 굳게 먹으면 모든 일이 잘 이루어지는 줄 믿게 됩니다. 그래서 '정신력 강화다' '마음먹기 달렸다' 하면서 각종 실천적 덕목을 가르치고 직원들이 가르친 바를 행동으로 옮겨, 단기간에 좋은 성과가 있기를 바랍니다.

이제는 조직도 직원들이 가시적이고 소망스러운 성과를 내주기를 기대한다면 조직 차원에서 먼저 직원들이 몸과 마음을 잘 관리해 나갈 수 있도록 하는 배려가 있어야 합니다. 조직이 경쟁우위에 서려면 겉으로 드러나는 가시적인 성과도 중요하지만, 눈에 보이지 않는 직원들의 심신관리에도 많은 신경을 써야만 합니다. 이제 경쟁우위는 아이디어, 기술, 맨 파워 이전에 조직을 움직이고 획기적인 무엇인가를 창조해 내는 '직원'들의 섬세한 심신관리(心身管理)에 있다고 해도 과언이 아닐 것입니다. 직원 개개인들도 조직이 배려를 해주기 전에 자기 자신을 위해 몸과 마음을 잘 관리하도록 노력해야 할 것입니다.

스트레스는 삶의 동반자라는 사실을 명심하라

대부분의 사람들은 열심히 노력하면 마음먹은 일들이 반드시 이루어질 것이라는 믿음을 갖고 살아갑니다. 물론 뜻한 바대로 일이 이루어지는 경우도 많지만 상당 부분 기대하는 만큼의 결과를 이루지 못하는 경우도 많습니다. 그래서 사람들의 기대감이 크면 클수록 이에 비례하여 실망도 크기 마련입니다. 이로 인해 사람들은 깊은 좌절감을 맛보게 됩니다. 심하면 괴로운 나날 속에서 헤어나지 못하게 됩니다.

직장에서의 예를 보면 직장인들은 "상사가 이렇게 해주었으면 하는 기대감" "수행하는 업무의 성과가 좋았으면 하는 기대감" "동료가 나를 이렇게 대해주었으면 하는 기대감" "이번에는 승진이 되겠지 하는 기대감" "올해는 업무성적이 좋으니까 내년에는 연봉이 많이 상승되겠지 하는 기대감" "복리후생 제도가 개선되었으면 하는 기대감 등 이외에도 수많은 '기대감'을 갖고 직장에 근무할 것입니다. 그러나 우리들이 기대하는 바대로 모든 일이 되어지지는 않을 것입니다. 직장인들의 개인차는 다소 있겠지만 바라는 기대가 어긋남으로써 실망감에 빠지게 되고 직장생활을 하는데 활력을 잃을 수 있습니다.

세상의 모든 일이라는 것이 기대한 대로 이루어질 수도 있고 그렇지 못할 수도 있는 법입니다. 따라서 우리는 기대한 대로 일이 이루어져 이에 만족하여 행복감에 젖을 수도 있습니다. 반면에 기대한 대로 일이 이루어지지 않아 이에 불만족스러워 하며 괴로워할 수도 있습니다. 이러한 상황은 우리들이 살아가면서 수시로 겪는 일입니다. 어떻게 모든 일이 좋게만 이루어질 수 있겠습니까? 그렇게는 절대 되지 않는 법입니다. 그런데 많은 사람들은 만족한 상태만을 추구하면서 불만족스러운 상태는 거부하고 괴로움 속에서 스트레스를 받으며 살아갑니다.

우리들의 생각을 돌이켜서 스트레스는 '우리와 함께해야 하는 삶의 일부분이라는 사실'을 인정하는 것이 중요합니다. 스트레스를 삶의 일부분으로 인정할 때 우리들의 마음은 편히 쉴 수 있게 됩니다. 마치 인간이 거부감을 갖고 있는 수많은 세균이 인간의 몸에 기거하면서 인간과 함께 공존하고 있다는 사실과 같이 말입니다. 이러한 공존의 사실을 부정하고 거부한다면 인간은 편히 살아갈 수가 없습니다. 대부분의 사람들이 이러한 사실을 인정하고 받아들이기 때문에 편히 쉴 수 있는 것입니다.

우리들은 직장에 근무하면서 언제든지 인간관계, 업무관계 등에서 어려움을 겪을 수 있습니다. 우리가 직장생활을 하면서 자신에게 닥치는 어려움을 불가피한 것으로 받아들이면 보다 차분하게 이에 대처할 수 있게 되고, 어려움을 바람직한 방향으로 해결해 나갈 수 있게 됩니다. 이것은 자신이 처한 현실을 받아들인다면 어려움을 감소시키고 더욱 현명하게 현실에 대처할 수 있다는 것입니다.

우리가 마라톤 경기에서 전 구간을 좋은 기록으로 주파하기 위해서는 각 5, 10. 20km 등의 구간 거리를 무리하지 않고 적절한 속도로 뛰어야 가능합니다. 한 구간을 무리하게 뛰었다가는 나머지 구간을 모두 뛰지 못할 수 있고, 비록 완주한다고 해도 기록은 별로 좋지 않을 것입니다. 마라톤 경기는 육체적, 심리적으로 다른 경기에 비하여 힘이 많이 들고 자신의 한계를 극복해야 하는 고통스러운 경기입니다.

우리의 삶도 마라톤 경기와 유사합니다. 우리는 경중(輕重)에 관계없이 자신의 목표를 단번에 성취할 수는 없습니다. 거쳐야 하는 단계를 반드시 통과해야만 가능한 입니다. 한 단계 한 단계 거쳐 가면서 많은 노력을 기울여야 합니다. 이러한 과정에서 힘들고 고통스러운 상황을 극복해 나가야 합니다. 이러한 단계 없이 우리는 힘들고 고통 없는 새로운 단계로의 진입은 불가능합니다. 우리는 이러한 단계를 거쳐 우리가 기대하는 성과를 얻게 되었을 때 그동안 거쳐 지나온 과정을 돌이켜 보게 됩니다. 바로 그간의 과정에서 몸과 마음이 지치고 힘들었던 사실은 지금의 나를 있게 한 버팀목이었다는 사실을 자각하게 됩니다. 이러한 과정에서 느꼈던 고통은 바로 나의 오늘이 있게 한 원동력이었다는 사실입니다. 그러므로 고통은 삶의 과정에서 함께 해야 할 동반자인 것입니다.

좌절은 인간 성장의 밑거름임을 인식하라

대부분의 사람들은 자신이 기대한 대로 일이 순조롭게 이루어질 때 현재상태에 대하여 만족해하며 더욱 향상된 목표를 향해 나아갑니다. 반면에 아무리 애를 써도 자신이 의도한 대로 일이 이루어지지 않으면 현재상태에 대하여 좌절하게 됩니다. 그리고는 "왜 나는 이렇게 하는 일이 잘 안되는가?" "나에게 어떤 문제가 있는 것인가?" "무엇이 나를 이렇게 힘들게 하는가?" 하고 자신에 대해 깊이 성찰하게 됩니다. 이때 자신에 대해 성찰한다는 것은 자기성장의 계기를 마련할 수 있는 토대가 될 수 있습니다.

사람들이 처해 있는 현실은 자신이 바라보는 시각이 바꾸어질 때 바뀌게 됩니다. 예를 들어 자신이 관련되어 있는 일이 어떤 어려움에 처하게 될 때 "내가 왜 이러한 사태를 만들어 냈을까?" "여기서 나는 무엇을 배울 수 있을까?" 하고 섬세히 자문(自問)하게 되면 현재상황은 결코 괴로운 것이 아닙니다. 오히려 새롭고 긍정적인 상황이 전개될 수 있는 계기가 될 수 있습니다. 또한 진지한 자세로 상황에 임함으로써 마음이 집중되고 강력해지게 됩니다. 그러므로 직장에서 힘든 상황에 직면하여 괴로워질 때 이를 회피하지 말고 적극적으로 부딪치면서 자신에게 "그래, 지금은 힘들지만 이 힘듬은 나를 성장하게 하는 만드는 것이다." 라고 생각하고, 자기성장의 계기를 스스로 만들어 나가는 것입니다.

자신이 처한 현실을 긍정적으로 수용하라

사람들은 일반적으로 자신이 처한 환경, 자신과 관계하는 사람들로부터 '자신의 기대'와는 상반(相反)되는 바람직스럽지 못한 자극을 받음으로써 불만 · 불쾌 등의 부정적 감정이 발생하는 것으로 알고 있습니다. 즉 외부로부터 어떤 자극을 받기 때문에 스트레스가 발생한다는 것입니다. 그래서 사람들은 외부로부터 받은 스트레스를 밖으로 풀어내어서 자신을 보호하려고 합니다. 긴장감, 압박감에서 벗어나려고 여러 가지 방법을 시도합니다. 그러나 스트레스가 외부 요인에 의해서 발생하여 내가 스트레스를 받고 있다고 생각하는 한 이로부터 절대 한발자국도 벗어날 수 없습니다. 스트레스를 만드는 주범은 바로 '나 자신'인 것입니다. 내가 스트레스를 만들어 놓고, 내가 만들어 놓은 스트레스 속에서 힘들어하고, 내가 만들어 놓은 스트레스를 해소하려고 노력하고 있는 것입니다. 설령 스트레스를 해소했다고 하더라도 그 스트레스 해소의 결과는 단지 일시적이고 반복적이라는 사실을 우리는 경험을 통해 알 수 있습니다.

스트레스는 자신이 처한 현실을 불만족스럽게 느끼고 그 상황으로부터 벗어나려 하든지 저항하려고 할 때 발생하게 됩니다. 예를 들면 맡은 업무가 과다하여 야근을 많이 한다면 어느 누구나 이러한 상황에 대해 심리적인 저항이 일어나기 마련입니다. 이때 한 생각 바꾸어서 "그래 어쩔 수 없는 상황이구나, 내가 하지 않으면 누가 하겠어!" 하고 저항하지 말고 자신이 맡은 업무가 과다한 현실을 긍정적으로 받아들이는 것입니다. 이와 같이 우리는 다른 상황에서도 마찬가지로 지금 처한 상황이 어쩔 수 없다면 긍정적인 자세로 현실을 받아들이는 것입니다. 물론 쉽지는 않겠지만 우리가 현실을 받아들이는 순간 마음이 이완되고 편해집니다. 한마디로 모든 인간사의 고통, 힘듬, 좌절 등의 부정적 감정은 내가 서있는 현실을 어떤 형태로든 받아들이지 않고 회피 내지 저항하는 행동에서 일어난다는 사실을 명확히 인식하는 것이 중요합니다. 그리고 현실의 어려움을 한 가지씩 차근차근히 해결해 나가는 것입니다.

삶 자체가 바로 스트레스의 연속이라는 사실을 이해하라

스트레스는 자신이 처한 현실상황을 있는 그대로 받아들이지 않고, 자신이 생각하고 있는 대로 일이 이루어져야 한다는 기대와 희망 그리고 끝없는 욕망에 집착함으로써 발생하게 됩니다. '현실과 기대감'의 차이가 크면 클수록 스트레스의 강도(强度)는 더욱 더 커지게 됩니다. 우리가 여기서 유념해야 할 점은 대부분의 사람들은 자신이 처한 현실에 대하여 적으면 적은 대로 많으면 많은 대로 절대로 만족하지 않는다는 사실입니다. 끝없는 기대와 욕망으로 지금보다 더욱 향상되고 편안하며 만족스러운 삶을 원하고 있습니다. 예를 들면 내 평생 따뜻한 물이 사시사철 항상 나오는 30평 정도의 고급맨션아파트에서 살았으면 여한이 없다고 하는 사람도 시간이 흐르면서 여유 있는 생활을 할 정도가 되면 평수가 더 넓고 생활하기가 편리하고 편안한 곳으로 옮기고 싶어 합니다. 이는 모든 사람들의 공통된 마음일 것입니다. 이 외에도 자신의 욕망과 만족스러움을 추구하기 위한 대상(對象)은 수없이 많을 것입니다.

그런데 사람들은 자신의 이러한 행동에 대하여 전혀 의문(疑問)을 갖지 않고 당연하게 여기면서 살아갑니다. 그렇다고 사람들이 기대한 대로 추구하는 모든 일들이 만족스럽게 이루어지지는 않습니다. 그렇기 때문에 우리들이 수시로 불만상태에 놓이게 되는 것은 너무나 당연한 일입니다. 우리들의 기대가 큰 만큼 불만상태도 그 만큼 크다고 할 수 있습니다. 바로 인간의 삶 자체가 기대와 욕망실현의 과정이기 때문에 이러한 과정에서 불만상태가 발생하고, 우리들에게 스트레스로 다가오게 됩니다. 그래서 삶 자체가 바로 스트레스의 연속이라고 할 수 있습니다. 이때 우리는 그러한 스트레스를 삶의 일부분으로 당연하게 받아들이게 되고, 제거해야 하는 대상이 아니라 우리와 함께 해야 할 동반자로 보게 됩니다.

힘든 상황을 피하지 말고 부딪쳐 통과하라

삼국지를 읽다보면 '관우'가 '조조'의 진영에 볼모로 잡혀있던 '유비'의 부인과 함께 수많은 장애물을 거침없이 통과하며 탈출하는 장면이 나옵니다. 힘은 들었지만 과감하게 장애물을 뚫고 나아갔기 때문에 무사히 귀환할 수 있었습니다. 만약 우리들이 힘든 상황에 직면하게 될 때 적극적인 움직임 없이 머리로 요모조모 따지기만 한다면 그 힘든 상황을 해결하기가 더욱 힘들어지게 됩니다. 우리는 힘든 상황을 온몸으로 받아들이고 힘든 상황 속으로 뛰어 들어가 그 힘든 상황을 과감하게 통과해야 합니다.

사람들은 일반적으로 스트레스를 받게 되면 나름대로 스트레스를 해소하든지, 견디든지 하면서 스트레스 상황을 극복해 나가게 됩니다. 그런데 사람들이 스트레스 상황을 회피하려고 하든지 이에 저항하게 되면 스트레스가 더욱 강하게 다가와 심신을 더욱 더 힘들게 합니다. 심신이 힘들어 질수록 스트레스에 대처하려는 의지도 약해지게 됩니다. 이로 인해 더욱 견디기 힘든 상태의 스트레스에 휩싸이게 되는 악순환에 빠지게 되고 매우 고통스러운 지경에 이르게 됩니다. 이때에는 아랫배에 힘을 주고 "스트레스 야! 죽이든 살리든 맘대로 해 봐라! 나는 나의 길을 가련다." 하면서 자신을 과감히 내려놓고 행동하는 것이 중요합니다. 힘든 상황 속으로 깊이 들어가게 되면 힘든 상황과 하나가 되어 고통을 느끼는 "나"가 사라지게 됩니다. 이때 자연스럽게 이완을 맛보게 되고 문득 마음이 편안해 지게 됩니다.

고통의 의미를 알려면 극한 상황을 체험해 보라

우리는 주변에서 늘 있을 수 있는 작은 문제임에도 불구하고 입버릇처럼 "스트레스 받아, 스트레스 받아" 하는 사람들을 의외로 많이 보게 됩니다. 깊이 생각해 보면 별 문제가 될 것도 아닌데 말입니다. 누구나 항상 접할 수 있고 그럴 수 있는 상황인데도 말입니다. 물론 자신에게는 심각한 상황으로 느껴지겠지만 이것은 습관적으로 행하는 자기표현에 불과합니다. 주위 사람들에게 부정적인 기운을 전이(轉移)시킬 뿐입니다.

취업 준비를 하고 있는 젊은 청년을 상담한 적이 있었습니다. 그 청년은 필자에게 "직장에 들어가서 스트레스라도 실컷 받으면서 살고 싶습니다." 라고 말했습니다. 그가 현재 얼마나 힘들게 살고 있는지 더 이상의 말을 하지 않아도 짐작이 가는 일입니다. 그리고 많은 사람들이 나이가 들어 직장에서 퇴직한 후 새로운 직장을 잡기위해 백방으로 노력하였으나 결국 직장도 못 잡는 경우가 많습니다. 이로 인해 가정이 흔들리고 있는 경우를 우리는 주위에서 많이 보게 됩니다. 이들은 좌절된 삶에 직면하게 되고 고도의 스트레스에 시달리게 되며 심신의 부조화를 심하게 겪게 됩니다. 이들은 직장생활이 큰 문제없이 순조로울 때에는 스트레스의 심각성을 별로 인식하지 못했을 것입니다. 그러나 직장을 잃고 난 뒤에는 스트레스가 진정 무엇인지를 몸으로 체득했을 것입니다. 따라서 우리들이 직장에 다니면서 느끼는 스트레스는 직장인이면 누구나 예외 없이 겪는 일상적(日常的)인 일인 것입니다. 스트레스는 적절히 관리하고 극복하면 되는 것입니다. 진정으로 깊은 좌절의 늪에 빠져 진지하게 자신을 성찰했던 사람만이 스트레스가 무엇인지를 알게 됩니다. 그러므로 우리들은 조금만 짜증이 나도 노래를 부르듯이 "스트레스 받아, 스트레스 받아" 하는 언행에 대해 깊이 생각해 볼 필요가 있습니다.

무더운 날씨에 갈증이 심하게 날 경우 물을 바로 마시면 그 갈증이 해소됩니다. 만약 우리가 '물을 마시면 갈증이 해소된다.'라는 점을 이론적으로 잘 안다고 해도 생각만으로 갈증을 해소시킬 수는 없습니다. 그리고 사람들이 수영을 배우려면 물속으로 직접 뛰어 들어, 수없이 많은 물을 먹는 등의 시행착오(施行錯誤)를 통해 몸으로 익혀야 합니다. 우리가 아무리 수영하는 법을 이론적으로 교육받아도 직접 체득(體得)하지 않으면 수영을 할 수 없습니다. 또한 사랑에 대해서 이론적으로 많이 안다고 해도 결코 사랑을 느낄 수 없습니다. 직접 사랑해 보아야 사랑이 무엇인지를 가슴으로 느끼게 됩니다. 우리가 무엇을 체득하기 위해서는 이론이나 말만으로는 되지 않는 법입니다. 몸으로 직접 체험해야 알게 됩니다. 몸을 움직여 실천해야 체득되는 것입니다.

우리도 극한 상태의 스트레스를 체험했을 때 진정으로 스트레스가 무엇인지를 알게 됩니다. 우리는 이러한 스트레스 체험을 통하여 삶의 시련과 고통 그리고 깊은 좌절을 맛보게 됩니다. 그리고 우리는 이러한 아픔을 극복해 나가면서 "이렇게 아픔을 겪는 나는 진정 무엇인가?" "왜 인간은 고통 속에서 살아가야만 하는가?" "어떻게 해야 인간은 이러한 시련으로부터 벗어날 수 있을까? 하고, 인간의 본질에 대하여 심각하게 고민하게 됩니다. 이를 통해 결국 우리는 인간의 본질을 이해하게 되고 자연스럽게 스트레스의 정체에 대해서도 명확히 알게 됩니다. 인간의 본질과 스트레스 정체에 대하여 이해함으로써 우리는 스트레스를 용이하게 해결할 수 있게 됩니다. 어느 누구도 우리가 받고 있는 스트레스를 해결해 줄 수 없습니다. 극한 상태의 스트레스를 경험하고 인간에게 고통(苦痛)이 진정 무엇인지를 이해한 자기 자신만이 해결할 수 있습니다.

자신의 내성(耐性)이 부족함을 탓하라.

어떤 아버지가 아들에게 자신이 어렵게 성장한 시절의 이야기를 하기 위해 "아빠는 너 만할 때, 라면을 먹고 자랐다." 라고 하니까 아들이 "왜 라면만 먹고 자랐어요!" 라고 반문했다는 이야기가 있습니다. 과거 대부분의 세대들은 자의든 타의든 간에 어쩔 수 없이 어렵게 살아왔습니다. 특히 형제 · 자매들이 많은 가정은 살기가 더욱 힘들었습니다. 이처럼 안팎으로 삶의 어려움을 감내하며 성장하였고 형제 · 자매들 간에 치고받고 싸우면서 서로간의 배려와 사랑을 터득하며 성장한 세대입니다. 그래서 인지는 몰라도 이들은 어려움을 슬기롭게 해쳐나가는 지혜를 나름대로 터득하고 어려운 환경에서도 비교적 잘 적응해 나갔습니다.

지금 세대 중 상당수는 과거와 같이 힘들지 않게 살아왔습니다. 즉 하고 싶은 것을 하고, 입고 싶은 것을 입고, 먹고 싶은 것을 먹으면서 성장하였으며, 부모로부터 과도한 보호를 받으면서 양육(養育)된 세대입니다. 때문에 이들은 힘들고 격변하는 환경에 적응하는 힘이 매우 약하다고 할 수 있습니다. 그리고 과거처럼 많은 형제 · 자매들 간에 치고받고 하면서 성장한 경험이 거의 없기 때문에 서로 간에 인내하고 배려하는 마음이 매우 부족합니다. 조금만 불편해도 참지 못하고 힘들어합니다. 이러한 특성이 바로 직장에서도 나타나 힘든 나날이 계속되면 직장을 그만두는 경우가 비일비재(非一非再)합니다. 이것은 힘듬을 극복하는 내성(耐性)이 매우 약하기 때문입니다.

직장이 자기에게 힘들게 한다고 생각하지 말고 힘듬을 극복하는데 있어서 자신의 내성이 부족함을 스스로에게 탓하고 부끄러워해야 합니다. 사람들이 운동을 처음하다 보면 쉽게 피곤해 지고 힘이 들지만 지속적으로 운동을 하다보면 내성이 켜져서 나중에는 힘들이지 않고 운동을 하게 됩니다. 직장생활도 처음에는 힘이 많이 들지만 자신을 잘 관리하면서 힘든 상황을 현명하게 대처해 나가다보면 자연스럽게 내성이 붙게 됩니다. 지금은 비록 힘이 들지 모르지만 먼 장래를 보면서 그 힘듬이 살아가는데 있어서 하나의 과정이고 자신을 성장시킨다는 사실을 가슴으로 깨닫고 최선을 다하는 자세가 중요합니다.

고통과 아픔을 통해 몸과 마음을 정화시켜라

강한 비바람을 몰아치며 태풍이 거세게 불어오면 농사짓는 농부에게는 물론 여타의 많은 사람들에게 생활의 어려움과 재산상의 손실을 끼치게 됩니다. 그러나 다른 한편으로는 공해(公害)로 찌든 산하대지를 깨끗하게 정화시켜 줍니다. 또 바다에 큰 해일(海溢)이 몰아치면 바다 인근 도시는 큰 피해를 입을 수 있습니다. 그러나 해일이 바다 속을 뒤집어놓기 때문에 혼탁해진 바다가 깨끗이 정화됩니다. 이러한 자연현상과 마찬가지로 사람들도 삶의 과정에서 커다란 고통과 아픔을 통해서 몸과 마음이 맑아지고, 더욱 성숙해 집니다.

고통과 아픔은 자신이 만든 것이라는 인식하에 우리는 자신을 성찰하고 고통과 아픔을 감싸 안으며 어둠의 긴 터널을 통과해야 합니다. 이를 통해 우리는 몸과 마음이 맑고 밝아짐을 깨닫게 됩니다. 마치 우리가 감기 몸살을 심하게 앓은 후 몸과 마음이 개운해 지는 것과 같이 말입니다. 따라서 고통과 아픔이 우리를 힘들게 하지만 그간에 탁해진 몸과 마음을 정화시켜 생활에 활력을 주는 충전의 선물이라고 볼 수 있습니다. 단순히 고통과 아픔이 우리에게 폐해(弊害)를 주는 것이라고 생각하지 말고, 우리의 몸과 마음을 정화시켜 주고 우리를 더욱 성숙시켜 준다는 생각을 하는 것이 중요합니다.

좌절의 상태를 자기신뢰의 계기로 삼아라

우리는 한 치의 흔들림도 없이 자기 자신을 깊이 신뢰함으로써 무한(無限)한 내면의 생명력을 느낄 수 있습니다. 내면의 생명력은 우리가 생각하고 행동하고 감정을 일으키고 아이디어를 주고 먹은 것을 소화시키는 등 여러 작용을 가능하게 하는 원천(源泉)입니다. 그런데 우리는 이러한 내면의 생명력을 잊어버리고 눈은 밖으로 향하고 무엇인가를 취하려고만 합니다. 그러다보니 자신이 처한 현실상황에 이리저리 끌려 다니며 스스로를 들볶으면서 살아가는 경우가 많습니다. 이렇게 직면하는 여러 현실상황으로부터 우리는 쓰디 쓴 좌절을 맛보고 그 속에서 고통을 겪게 됩니다. 그리고는 이를 해결하려고 애를 쓰며 살아갑니다. 이와 같이 우리들이 여러 가지 어려움에 직면하게 되는 것은 바로 자신에 대한 확고한 신뢰가 부족하다는 반증(反證)이기도 합니다. 자기신뢰가 확고하면 부동(不動)의 마음이 발현됩니다. 이때 좌절의 상태를 뚫고 앞으로 나가기가 용이할 것입니다. 자기신뢰(信賴)란 단지 자신의 마음과 몸을 믿는 것 이상의 의미가 있습니다. 바로 자신을 존재하게 하는 그리고 마음과 몸을 작용하게 하는 내면의 '생명력'을 굳게 믿고 이에 자신을 완전히 맡기는 것입니다.

삶이 우리들에게 주는 좌절과 고통은 자신을 신뢰하라는 메시지일 수도 있습니다. 힘든 일이 일어나면 머리로 요모조모 따지면서 극복하려고 하지 말고 또 피하려고 하지도 말아야 합니다.

지금까지 자신을 이끌어 준 생명의 힘을 믿고 자신감 있게 앞으로 나아가야 합니다. 힘든 상태에 있을 때 "맘대로 해봐, 나를 죽이든 살리든 알아서 해" 하면서 생명의 힘을 믿고 이에 모든 것을 내맡기고 나아가 보십시오, 평소에 느낄 수 없었던 힘이 내면에서 용솟음치는 것을 느끼게 될 것입니다. 지금 현재 자신이 좌절상태에 있다면 바로 자기신뢰에 대한 '점검의 장'으로 삼아야 할 것입니다.

스트레스를 긍정적인 동력(動力)으로 활용하라

우리가 스트레스를 부정적인 관점에서 본다면 스트레스는 우리의 몸과 마음을 조화롭지 못하게 하고 삶을 힘들게 하며, 궁극적으로 질병에 이르게까지 하는 제거해야 할 대상으로 생각하기 쉽습니다. 그래서 우리는 스트레스를 없애기 위해 운동, 등산, 취미활동, 명상 등의 여러 가지 방법을 동원하게 됩니다. 스트레스는 우리가 이렇게 되었으면 하는 '기대'나 '가치기준'에 반하는 현실상황이나 사람들의 언행을 긍정적으로 이해하지 못함으로써 발생하게 됩니다. 그리고 스트레스는 이렇게 이해하지 못하는 마음이 응고(凝固)되어 한 곳에 머물게 되고, 이로 인해 삶의 기운(氣運)이 몸 안에서 원활하게 돌아가지 못하고 정체되어 발현되지 못하는 상태를 말합니다.

그러나 다른 측면에서 볼 때 스트레스는 인간이 긍정적인 행동을 통해 활력 있는 힘으로 바꿀 수 있는 동력(動力)입니다. 그러므로 우리는 스트레스를 절대적으로 긍정함으로써 존재의 힘으로 바꿔야 합니다. 스트레스는 긍정적으로 변화되기를 바라는 좋은 힘입니다. 마치 용수철이 눌려있는 만큼 탄력을 받아 높이 튈 수 있는 것과 같이 스트레스도 흘러가지 못하고 한 곳에 눌려있는 힘이기 때문에 눌려있는 만큼 긍정적인 힘으로 작용할 수 있습니다. 자칭 능력 있다고 생각하는 사람이 다른 사람으로부터 심하게 무시를 당해서 스트레스를 받고 있을 경우에 마음속으로 두 주목 불끈 쥐고 '어디 두고 보자. 열심히 노력해서, 꼭 성공하겠다.' 하고 굳은 결심을 하고 행동할 때에는 그 결심의 힘이 스트레스를 받은 만큼 배가(倍加)됨을 알 수 있습니다. 이제 우리는 스트레스를 긍정의 힘으로 변형시켜 개인생활에서든 직장생활에서든 효과적으로 사용하는 이치를 알아야 할 것입니다.

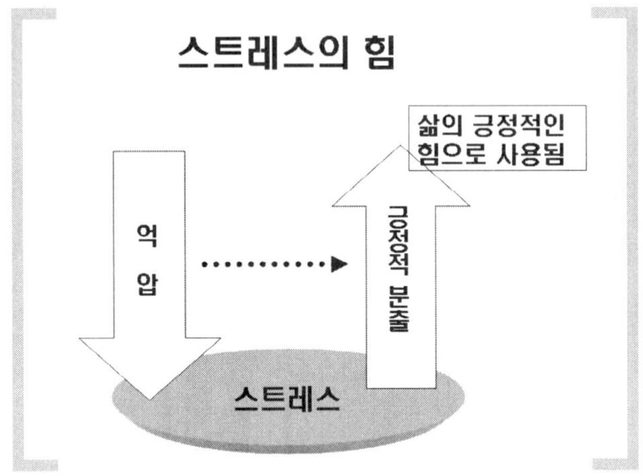

과도한 욕망이 고통을 만든다는 사실을 명심하라

어느 날 필자가 한국에 와 있는 나이 지긋한 조선족을 만난 적이 있었습니다. 그 조선족은 중국에 거주할 때에는 나름대로의 맡은바 사회적 역할을 다하며 "이렇게 사는 것이 사람 살아가는 것이구나." 하고 살았다고 합니다. 그런데 그 곳의 많은 조선족들은 한국에 와서 많은 돈을 벌어가지고 온 사람들이 증가됨에 따라 '지금까지 이렇게 사는 것이 사람이 살아가는 것이 아니구나.' 하고 생각들이 변하면서 돈에 대한 욕심이 많아 졌다고 합니다. 그래서 그들은 돈을 벌려고 매우 애를 쓰고 있다고 합니다. 그러다보니 돈을 많이 벌지 못한 사람은 자연히 비하감(卑下感)을 느끼게 되고 삶이 고통 아닌 고통으로 바꾸어 가고 있다는 것입니다. 따라서 그곳의 인심(人心)도 예전과 같지 않고 많이 달라졌다고 합니다. 여기서 중요한 점은 바로 그들이 다른 사람들과 비교하게 되고 남보다 더 나아지려고 욕심을 내면서부터 갈등이 심화되었다는 사실입니다. 그리고 욕망을 충족시키지 못한 사람들은 고통을 느끼게 되고 심리적으로 더욱 힘들어 졌다는 것입니다.

우리나라도 과거에 힘들게 살 때에는 사람들 모두가 힘들게 사는 것이 사람 사는 것인 줄 알고 살았던 시절이 있었습니다. 그러나 사회가 발전해 나가면서 지금보다 더 나은 삶을 향한 꿈을 갖게 되고 욕망이 커짐에 따라 이에 수반(隨伴)하여 더욱 큰 고통을 느끼게 되었습니다. 인간의 욕망이라는 것은 삶의 본원적 에너지이기 때문에 지금보다 더욱 발전해 나갈 수 있는 동력(動力)이 되는 것이지만, 욕망이 과도해 지고 집착으로 발전하게 되면 삶의 문제가 발생하게 되고 이로 인해 고통을 받게 되는 것입니다.

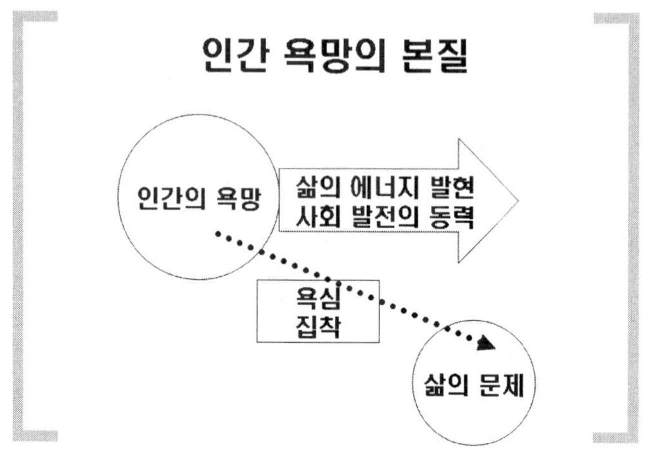

남 앞에서 스트레스를 받는다고 함부로 말하지 말라

인간의 욕구를 일반적 상식선에서 구분해 보면 의식주를 해결해야 하는 '생리적 욕구', 안정되고 안전한 삶을 바라는 '안정적 욕구', 사회적 역할을 통해 사람들과 친교를 이루어나가는 '사회적 욕구', 남들이 자기를 인정해 주고 존경해 주기를 바라는 '존경의 욕구', 자신이 바라는 일을 성취하고자 하는 '자아실현의 욕구' 등 크게 5 가지 욕구로 나누어 볼 수 있습니다. 어느 누구나 생리적 욕구로부터 자아실현의 욕구까지 모든 욕구가 충족되기를 바라지만, 모든 욕구가 모든 사람들에게 동일하게 충족되지는 않습니다. 그렇기 때문에 사람들은 부족한 욕구를 충족시키기 위해 부단한 노력을 기울이고 있는 것입니다.

어떤 사람들은 자신이 이루고자 하는 일이 성취되지 못할 때 절망합니다. 어떤 사람은 남으로부터 인정받지 못할 때 괴로워합니다. 어떤 사람은 사람들과 어울리지 못하고 소외받을 때 고통스러워합니다. 어떤 사람은 돈 버는 일이 안정적이지 못할 때 불안해합니다. 또 어떤 사람은 돈을 벌지 못해 은행에 빚만 지고, 앞날이 불투명하고 생활하기가 망막할 때 고통을 느낍니다. 자! 이중에서 어떤 사람이 스트레스를 가장 많이 받고 있다고 볼 수 있습니까? 아마도 상식선에서 생각해 볼 때 가장 아래 단계인 생리적 욕구를 해결하지 못한 사람이 스트레스를 가장 많이 받고 있다고 볼 수 있습니다. 다른 욕구로 인해 발생하는 스트레스는 생리적 욕구로 인해 발생하는 스트레스에 비하면 아무래도 사람들이 느끼는 스트레스의 강도(强度)가 약할 것입니다. 현실적으로 먹고 살기가 힘들다면 그 이상의 다른 욕구는 꿈에도 생각할 수 없습니다. 다른 욕구는 기본적으로 생리적 욕구가 해결될 때 추구되는 욕구이기 때문입니다. 따라서 먹고 사는 문제가 해결이 되어야 그 이상의 욕구도 생기는 것입니다. 우리는 아직도 주위에서 많은 사람들이 생리적 욕구를 해결하지 못해 많은 고통을 받고 있다는 사실을 생각해 보아야 합니다. 여러분이 아무리 힘들다고 해도 부디 그들 앞에서 스트레스를 받고 있다는 말을 절대 꺼내지 마십시오. 그들이 보지 않는 곳에서 스트레스를 마음껏 푸십시오. 과연 여러분들은 어디 단계에 해당되십니까?

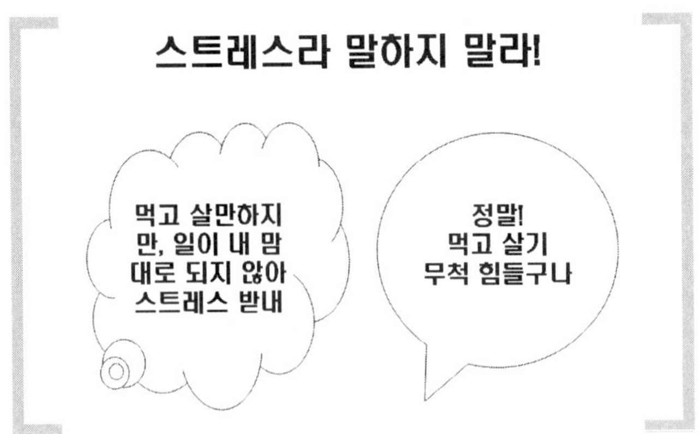

고통을 자신이 깨어나는 기회로 활용하라

여러분들은 흉몽(凶夢)을 꾸다가 깜짝 놀라 깨어나면서 "생시가 아니고 꿈이었구나." 하며 안도(安堵)의 한숨을 내쉰 경험이 있을 것입니다. 우리가 잠을 잘 때 좋은 꿈을 꾸고 있으면 쉽게 깨어나지 않지만, 나쁜 꿈을 꾸게 되면 잠을 뒤척이다가 깨어나게 됩니다. 식은땀을 흘릴 정도의 불길한 꿈을 꾸게 되면 즉각적으로 잠에서 깨어나게 됩니다. 이처럼 우리가 꿈을 꿀 때에는 그것이 현실인줄 알지 꿈인 줄은 전혀 모르다가 잠에서 깨어나게 되면 비로소 좋은 꿈이든 나쁜 꿈이든 꿈이라는 사실을 알게 됩니다.

현실의 삶에서도 꿈을 꾸는 것과 같이 몇 가지 상황으로 나누어 생각해 볼 수 있습니다. 첫째, 아주 만족하고 문제의식도 없이 살아가는 경우가 있습니다. 둘째, 다소 불만은 있으나 노력하여 만족감도 얻으면서 만족과 불만족 상태가 사이클을 그리며 반복되는 일상적인 삶이 있습니다. 셋째, 힘든 상황에 직면하여 자신의 한계를 알게 되고 이를 극복하며 살아가는 경우가 있습니다. 넷째, 세상일이 자기 뜻대로 되지 않음을 인식하고 더 이상 나아갈 수 없는 상황에 대해 좌절을 느끼며 살아가는 경우가 있습니다.

여기서 우리가 주목해야 할 점은 자기가 마음을 먹은 것이 그런대로 잘 되어나갈 때에는 삶의 만족을 느끼며 살아가고 이런 상태가 지속되기를 바랍니다. 반면에 자기 한계와 좌절에 부딪치게 되면 삶에 절망하게 되고 나아가 자포자기 상태에 빠지게 됩니다. 많은 사람들이 고통 받는 바로 이 시점에서 "지금까지 잘못 살아왔구나." 하며 정신을 차리고, 의식이 깨어나게 됩니다. 지금까지 잘못 살아왔다는 사실을-과도한 욕망으로 살아왔는지, 과도한 집착으로 살아왔는지, 자신만을 위한 삶을 살아왔는지-자각하고 자기 자신에 대해 성찰해 보기 시작합니다. 그리고 새로운 마음가짐을 갖고 새롭게 태어납니다. 그러므로 고통은 사람을 깨어나게 하고 성장시키는 힘인 것입니다.

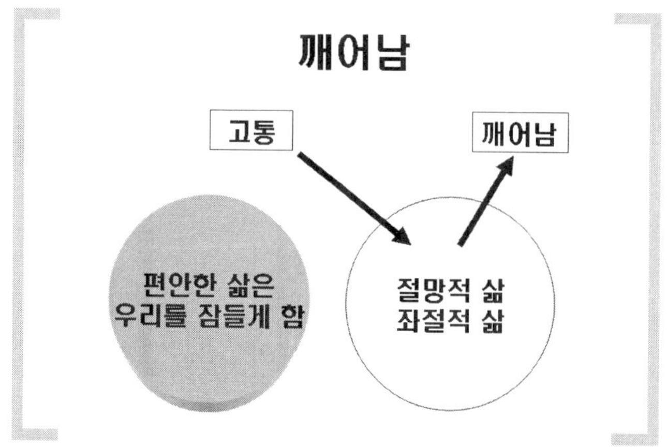

욕망은 발전의 원동력이면서 고통의 근원임을 자각하라

인간은 어느 누구 할 것 없이 기대하는 일들이 자기 뜻대로 이루어지기를 바라고, 현재의 만족한 상태가 지속되기를 희망하면서 살아갑니다. 그러나 현실은 어떻습니까? 지금까지 만족해 왔던 자신의 주변 상황이 변했든지 자신의 눈높이가 높아졌든지 간에 지금 처한 현실에 만족하지 못합니다. 이것은 인간의 끝없는 욕망이 마음속에 깊이 자리 잡고 있기 때문입니다. 그러나 인간의 끝없는 욕망으로 인해 사회는 발전하게 됩니다. 그렇기 때문에 오늘날의 인류 문명이라는 것은 바로 인간 욕망의 발현이라고 할 수 있는 것입니다.

인간의 욕망을 만족시키려면 지금보다 더 빠르고, 안정되고, 편안하고, 편리한 것을-초기 휴대폰은 통화기능이 주 기능이었고 비즈니즈용으로 주로 사용되었으나, 지금은 연령에 관계없이 사용하고, 엔터테인먼트 기능으로 까지 발전하게 됨-제때에 제공해야 합니다. 이를 위해 여러 관련 분야에서 인간의 욕망을 자극할 수 있는 것들을 연구하여 우수한 상품을 만들어 사람들에게 공급하다 보니까, 자연적으로 관련 산업들이 발전하게 되고 종국적으로 세상이 발전적으로 변하게 되었습니다.

인간의 끝없는 욕망은 끝없는 충족을 의미합니다. 예를 들면 새로운 상품이 출시되면 많은 고객들은 욕망 충족을 위해 새로운 상품을 구매하려고 합니다. 다른 사람은 새로운 것을 구매하여 사용하고 있는데 자신은 그렇지 못하다면, 남들과 비교하여 자신이 뒤떨어진 것같이 느껴지게 됩니다. 그리고 새로운 것을 갖지 못한 것에 대하여 욕구불만이 쌓이게 됩니다. 그러나 사람들은 자신의 욕망을 반드시 충족시키고 맙니다.

더욱이 삶의 문제에 있어서-살고 있는 집, 자녀 교육, 근무하는 직장, 연봉 등-다른 사람들과 비교하는 마음이 커질수록 남보다 내가 적게 가지고 있다고 생각함으로써 부족한 것을 충족하기 위해 노력합니다. 그러나 제대로 뜻이 이루어지지 않아 고통을 받게 됩니다. 그렇기 때문에 인간의 고통은 욕망의 산물이라고 하는 것입니다. 그러나 우리는 이러한 인간의 욕망이 자신을 고통 속으로 내 몰수도 있고, 발전적으로 나아가게 할 수도 있다는 욕망의 양면성을 이해해야 합니다. 어떻게 하는 것이 지혜로운 행동인지를 잘 살펴볼 필요가 있습니다.

최고의 긴장을 최고의 이완으로 승화시켜라

직장인들이 겪는 스트레스는 다양한 요인에 의해서 발생하게 됩니다. 업무적인 측면에서 살펴보면 자신의 능력을 제대로 발휘하지 않고, 적당히 일을 할 때 스트레스가 발생하게 됩니다. 적당하게 일한다는 것은 마음이 현재의 순간에 몰입해 있지 않다는 것입니다.-현재의 순간 속에서 일에 몰입할 때에는 스트레스를 느낄 여유가 없게 됨-자신의 마음을 최선에 두지 않고, '적당히 하려는 마음'과 진정으로 '최선을 다해야 하는 행동'과의 차이(gap)에서 스트레스가 생기게 됩니다. 따라서 매순간 "나는 왜 열심히 일을 해야 하는가?" 하고 스스로에게 물어보아야 합니다. 이때 자신이 열심히 일을 해야 할 당위성(當爲性)이 떠오르게 됩니다. 즉, "나의 발전을 위해서, 가족을 위해서, 승진을 위해서, 퇴출을 예방하기 위해서" 등이 생각나게 됩니다. 바로 이러한 것들이 우리로 하여금 최고의 긴장상태를 만들게 합니다. 이때 자신이 처한 현재의 여건을 수용하고 최선의 노력을 다하게 됩니다.

최고의 긴장상태에서 '적당히'가 아닌 최선을 다하는 최고의 힘이 발현됩니다. 이때는 스트레스가 붙지를 못합니다. 스트레스가 붙으려고 해도 붙을 자리가 없게 됩니다. 따라서 최고의 긴장이 바로 최고의 힘이며 최고의 이완인 것입니다. 때문에 우리는 최고의 긴장상태를 긍정적으로 사용하도록 해야 합니다. 현재 겪고 있는 긴장상태는 즉각 행할 수 있는 힘입니다. 이 힘은 자신의 노력이나 의지에서 나오는 것이 아닙니다. "나는 왜 열심히 일을 해야 하는가?" 에 대한 질문에서 즉각적으로 나오는 자연스러운 힘입니다. 우리는 힘들 때 매순간 이 질문을 해야 합니다. 매일 이 질문으로 자신을 확인해야 합니다. 이 힘은 자연스러움에서 나오는 것입니다. 인위적인 부자연스러움에서는 결코 힘이 나오지 않게 됩니다.

사람들은 긴장상태에 있을 때 자신을 이완상태로 전환하려고 노력합니다. 긴장상태는 몸과 마음에 나쁘게 작용하니까 몸과 마음을 이완시켜야 한다고 생각합니다, 그러나 심하게 이완이 되면 몸과 마음이 풀어지게 되어 힘이 약화됩니다. 그런데 대부분의 사람들은 긴장을 풀려고만 노력합니다. 그 긴장의 힘을 쓰는 방법을 모르기 때문에 몸과 마음이 아주 풀어지거나 스트레스를 겪게 됩니다. 물론 이완시키는 것도 중요하지만 더욱 중요한 것은 '몰입'을 통하여 그 긴장상태를 긍정적 에너지로 승화시키는 일입니다. 바로 최고의 긴장을 최고의 이완이 되도록 하는 것입니다. 깊은 슬픔 뒤에 대 환희가 있는 것처럼, 폭풍이 지난 후 대지가 활기에 차듯이, 암흑 속의 긴 터널을 빠져나오면 희망의 빛이 있듯이, 최고의 긴장상태를 통과해 빠져 나올 때 최고의 이완상태가 드러나게 됩니다. 자! 우리 모두 이제는 긴장을 즐겨봅시다.

지금의 이 자리가 최선의 선택이었음을 알라

많은 직장인들은 현재 불만족스러운 환경 속에서 근무할 수도 있고 어려움을 극복하면서 근무할 수도 있고, 더 나아가 긴장감 속에서 근무할 수도 있습니다. 그러므로 직장인들은 이러한 상황으로부터 벗어나기 위해 자기 나름대로 무진(無盡)애를 쓰게 되며, 관계부서에 부서이동을 요청할 수도 있고 심각하게 전직을 고려할 수도 있습니다. 이것은 지금보다 더 편안해 지고 만족감을 얻으려는 근원적인 인간 욕망의 발현이라고 할 수 있습니다. 현실은 항상 변하게 마련입니다. 입사 초기에는 직장생활이 만족스러웠다 해도 시간이 경과하면서 만족스럽지 못한 상황으로 돌변할 수 있는 것입니다. 따라서 우리들이 현실을 인정하지 않고-현실은 자신에게 좋은 상황과 좋지 않은 상황이 고정되어 있는 것이 아니라, 노력하고 때를 기다리고 있으면 사이클을 그리며 다가오게 됨-현실로부터 벗어나려고 한다면 우리들의 몸과 마음은 더욱 힘들어 질 것입니다. 이로 인해 현재 맡고 있는 업무를 충실히 수행할 수 없으며 동료들과의 관계도 멀어지게 됩니다. 특히 현실에 충실하지 못하게 되어 자기 신상(身上)에 도움이 되지 않는 악순환을 가져와 더욱 더 힘들게 지게 됩니다.

한 생각 돌이켜 입사할 당시를 회상해 보십시오. 어떤 사람은 흡족한 상태에서 입사한 경우도 있을 것이고, 어떤 사람은 만족하지는 않지만 현실적으로 어쩔 수 없어서 입사한 경우도 있을 것이고, 또 어떤 사람은 먹고 살기위해서 입사했을 수도 있습니다. 그러나 중요한 것은 이유 불문하고 입사 당시 자신이 스스로 직장을 선택하고 결정했다는 사실입니다. 그러한 선택은 그 때, 그 상황에서 자신이 취해야 할 최선의 선택이었을 것입니다. 다른 마음을 먹고 근무한다는 것은 차치(且置)하더라도 자신이 선택한 현실의 직장에서 최선을 다해야 함은 자신을 위해서도 삶의 터전을 마련해 주는 조직을 위해서도 매우 중요한 것입니다. 인간이란 '화장실 들어갈 때의 마음과 나올 때의 마음'이 전혀 다르다는 말이 있습니다. 자신이 필요할 때에는 고개를 숙이다가도, 필요를 느끼지 못하고 불만에 차게 되면 고개 숙이던 시절은 잊어버리고 다른 생각을 하는 것이 인지상정(人之常情)일 것입니다. 우리는 현실이 불만족스럽다고 해도 자신의 마음을 잘 추슬러야 합니다. 또한 불만족으로 인해 야기되는 힘겨움을 적절히 관리해 나가야 합니다. 그리고 자신이 원하는 바를 실현하기 위해 노력하고 직장에서 근무하는 날까지 현실에 충실해야할 것입니다.

업무수행에서 해왔던 방법만을 고집하지 말라

등산을 해 본 사람들은 잘 알겠지만 산 정상(頂上)에 오르는 길은 여러 갈래로 매우 다양합니다. 어느 길을 따라 올라가면 길이 잘 닦여져 있어 산에 오르기가 편하지만, 어느 길은 잘 닦여 있지 않아서 산에 오르기가 무척 불편한 경우가 있습니다. 이때 대부분의 등산객들은 길이 잘 닦여져 편하고 안전한 곳을 선호하게 마련입니다. 그러나 어떤 등산객들은 새로운 등정(登頂)의 맛과 도전을 위해 잘 닦여 있지 않은 길을 새롭게 만들어 나갑니다. 처음에는 길이 불편하지만 시간이 흐르면서 다른 등산객들도 새로운 길을 다니게 됨으로써 자동적으로 길이 잘 닦이게 됩니다. 이처럼 새로운 길을 만들어 나갈 때 정상에 오르는 길이 다양해지고 모든 등산객들에게 편하고 등정의 새로운 맛과 도전의식을 제공하게 됩니다.

이와 같이 업무수행에 있어서도 우리는 지금까지 해왔던 방법만을 고집할 것이 아니라 창조성을 발휘하여 새로운 이정표(里程標)를 만들어 나가는 것이 중요합니다. 지금까지 우리가 일반적으로 해왔던 대로 업무를 수행하는 것이 편리하고 안정적일 수 있습니다. 또한 위험부담도 적고 어려움도 거의 없을 것입니다. 반면에 이러한 업무태도로 인해 우리는 문제의식 없이 현실에 안주하게 되고 더 이상의 발전은 고사하고 퇴보하게 됩니다. 따라서 우리는 도전의식을 가지고 새로운 방법을 다양하게 시도

하는 자세가 절대 필요합니다. 물론 도전과 새로움을 추구하는 과정에서 우리는 갈등을 겪을 수 있고 수행과정상의 어려움에 처할 수도 있습니다. 그러나 바로 이러한 시련이 있기 때문에 우리는 지금보다도 더욱 발전해 나갈 수 있다는 점을 인식해야 합니다.

항상 기본에 충실 하라

검도 용어에 수·파·이(守.破.離)라는 말이 있습니다. 중국 무협 영화를 예를 들어 설명하면 영화 속의 주인공이 무술을 배우러 무림(武林)에 입문하여 처음에는 밥 짓기, 빨래하기, 청소하기 등의 잡일을 하다가, 일정한 시간이 지나면 스승으로부터 혹독한 훈련을 통해 기본적인 무술을 배우게 됩니다. 이 때 주인공은 너무나 힘이 들고 고통스러워 중도 포기하려고 합니다. 바로 이 단계가 무술의 기본을 충실히 배우는 수(守)단계입니다. 어느덧 세월이 흘러 폭포수 아래에서 스승과 대련(對鍊)을 합니다. 결국 주인공이 스승을 이기게 되는데 이때 스승은 제자인 주인공에 가르칠 것이 없으니 이제 하산하라고 말합니다. 이 단계가 스승에게 배웠던 기본기에서 벗어나 기본기를 자기스타일에 맞게 응용하여 스승보다 한 수 높게 발전하게 되는 파(破)단계입니다. 끝으로 하산하여 자신의 무술세계를 구축해가면서 역량을 발휘해 나가는 이(離)단계입니다. 여기에서 시사(示唆)하는 바는 현재의 역량 발휘는 충실한 기본에 바탕을 둔다는 점입니다

이와 마찬가지로 직장인이 자신의 업무역량을 발휘할 수 있는 것은 하루아침에 이루어진 것이 아닙니다. 입사 초기부터 업무를 배우고 응용해 나가는 과정에서 많은 시행착오를 겪고 어려움을 극복하면서 얻은 결과라는 사실을 인식하고 항상 기본에 충실한 자세를 가져야 할 것입니다.

비판을 수용하고 그로부터 무언가를 배워라

사람들은 자기에게 유리하고 달콤한 말에는 귀가 솔깃해 지지만-자신에 대한 냉철한 판단이 흐려질 수 있음-자기를 비판하는 말에는 감각이 예민해 지고 불편함을 느끼게 됩니다. 그리고 비판한 사람과 갈등을 일으키게 되고, 더 나아가 상대방을 미워하고 원망하는 지경에까지 이르게 됩니다. 직장에서는 팀원간의 협력이 저하될 수도 있습니다. 이러한 현상은 비판을 부정적 시각으로만 보기 때문에 발생하는 문제입니다.

우리가 비판을 긍정적으로 생각한다면 비판은 자신의 잘못된 점을 지적하여 발전적으로 개선해 나가도록 하는 촉진제 역할을 하게 됩니다. 반면에 우리가 비판을 부정적으로 생각한다면 비판은 자신의 생각을 무시하는 비판자의 독단적 언행으로 비쳐지게 됩니다. 물론 쉽지 않은 일입니다만 비판을 긍정적으로 생각한다면 불쾌한 감정의 일시적인 떨림은 있겠지만 자신을 비판한 것이 아니라, 특정한 상황에 대해 상대방이 자기의 의견을 말해 주었다고 생각하며 수용하게 됩니다. 따라서 비판하는 사람이나 비판받은 사람이나 큰 문제없이 지나갈 수 있을 것입니다. 우리가 비판을 부정적으로 생각한다면 비판받은 사실에 대하여 불쾌한 감정에 휩싸이게 되고 이성적 사고가 일시 정지되면서 급속히 상호간에 갈등이 발생할 것입니다. 그리고 대부분의 사람들은 비판을 수용하는 자세보다는, 비판에 기분나빠하고 상대방에게 저

향하는 쪽으로 익숙해져 있습니다. 그러므로 우리는 이러한 행동을 부정할 것이 아니라 인지상정(人之常情)의 행동으로 보아야 합니다.

"좋은 약은 입에 쓰다" 는 말이 있는 것과 같이 비판은 좋은 약이 되도록 해야 합니다. 비판을 받으면 기분이 좋을 사람은 아마도 없을 것입니다. 그러나 우리는 어떤 이유가 있기 때문에 비판을 받게 되는 것입니다. 이때 비판하는 말에 휩싸이지 말고 나의 문제가 무엇인지를 알아차리는 것이 중요합니다. 그리고 상대방으로부터 제기된 문제를 발전적으로 정리해 나가는 것입니다. 상대방의 비판을 통해 무엇인가를 배울 수 있는 기회로 삼는 것입니다.

우리는 비판하는 사람들 나름의 성격상 특성으로 인하여, 정제(淨濟)되지 않은 언행을 하고 있는 경우를 접하게 됩니다. 이때 중요한 것은 정제되지 않은 언행을 하는 그 사람이 그렇게 행동할 수밖에 없는 사실에 대하여 섬세하게 이해하는 것입니다. 그리고 그들이 제기한 비판적 문제에 대해 깊이 생각해 보는 것입니다. 또한 그들이 비판하는 언행을 접하면서 "나는 저 사람과 같이 저렇게 행동하지 말아야지!" 하고 평소 자신의 언행을 돌이켜 보는 기회를 갖는 것입니다.

변화에 대한 적응이 쉬운 것만은 아님을 명심하라

우리가 바라보는 사물들은 항상 고정되어 있는 것 같지만 사물들은 스스로 변화해 나가고 있습니다. 우리 자신의 마음과 몸을 돌이켜 보아도 시간이 지나면서 마음도 바뀌고 몸도 바뀌어 갑니다. 우리가 접하고 있는 환경도 서서히 바뀌어 갑니다. 특히 우리들이 몸담고 있는 조직도 시대흐름에 맞추어 변화하고 있습니다. 따라서 모든 변화는 움직일 수 없는 자연스러운 현상인 것입니다. 그러므로 우리는 변화를 인정하고 수용해야 합니다. 변화를 거부한다는 것은 역동적인 삶을 거부한다는 의미입니다. 그러면 이러한 변화에 우리는 어떻게 대처해야 할까요? 변화를 거부하지 말고 당연하게 받아들여야 합니다. 변화의 흐름에 맞추어 함께 흘러가는 것입니다. 마치 흐르는 강물처럼 도도하게 흐르는 변화에 맞추어 유유히 함께 가는 것입니다. 여러분들은 변화의 물결 속에서 자신을 어떻게 추스르며 나아가고 있습니까?

조직에서도 치열하게 펼쳐지는 무한경쟁에서 살아남기 위해서 그리고 조직을 둘러싼 환경으로부터 조직구조, 업무시스템, 조직원의 자세 등의 변화를 요구받고 있습니다. 이를 뒷받침이나 하듯 직원들에 대한 변화관리 교육이 연례행사처럼 된 것이 현실입니다. 직원들은 귀가 따갑도록 "변화하라. 변화하라. 변하지 않으면 죽는다." 라는 말을 수없이 들었을 것입니다. 그러다보니 변화라는 소리만 들어도 짜증나게 되고 힘겨워지기까지 합니다.

직원들은 이러한 변화과정 속에서 소리 없이 저항하게 됩니다. 변화해야 한다는 당위성은 인정하지만, 몸과 마음이 쉽게 따라주지 않습니다. 변화에 적응해 나가는 것이 진정 쉬운 일만은 결코 아닙니다. 변화시스템에 의해 직원들을 의도적으로 변화시킬 수도 있겠지만, 이는 직원들을 억압하는 결과를 낳을 수도 있습니다. 또한 직원들은 의식적으로 변화에 대해 이해하고 행동화 하려고 합니다만 행동으로 옮기는데 한계를 드러냅니다. 변화라는 것은 강압에 의해서 변화되는 것이 아닙니다. 직원들 스스로의 자각을 통하여 변화되는 것입니다, 그러나 현실은 그렇지 못합니다. 앞으로 풀어야 할 숙제인 것만은 틀림없는 사실입니다.

인간이 변화하기가 쉽지 않은 근본 원인은 인간의 속마음에 안정을 원하는, 편안함을 원하는, 나름의 고착화된 관념이 자리를 잡고 있어 의식에 영향을 주기 때문입니다. 그러므로 변화 요구에 대한 적응이 쉽지 않은 것입니다. 그렇다고 우리는 변화에 편승하지 못한다고 죄책감을 가질 필요는 없습니다. 다른 사람들도 거의 마찬가지이기 때문입니다. 타의적인 변화 주도로는 인간을 진정으로 변화시킬 수 없습니다. 직원 스스로 변화할 수 있게 분위기를 조성해 주는 것이 더 중요합니다. 그리고 조직을 위해 변화하라고 하면 변화되지 않습니다. 인간은 이기적이기 때문에 직원 자신의 행복을 위해 자신의 성장을 위해 스스로 변화해야만 온전한 삶의 길을 갈 수 있다는 점을 철저히 자각하도록 하는 것이 무엇보다도 중요한 것입니다.

만족한 상태가 지속되기를 바라지 말라

대부분의 직장인들은 자기가 근무하는 직장에 대해서 어느 정도의 불만족스러움은 있겠지만, 현실을 인정하고 만족하려고 노력하면서 근무하고 있습니다, 그러나 지금과 같은 현실상황에 대하여 항상 인정하고 만족하지는 않습니다. 보다 더 좋은 근무 환경, 대우, 향후 전망 등을 기대하게 됩니다. 시절(時節)이 좋아져 기대한 만큼의 결과를 얻을 수도 있습니다. 반면에 조직의 상황이 나빠져 기대한 만큼의 결과를 얻지 못할 수도 있습니다. 상황은 항상 바뀔 수 있습니다.

우리의 현실도 고정되지 않고 항상 변화하기 마련입니다. 따라서 우리는 지금의 만족한 상태가 항상 지속되는 것이 아니라, 언제든지 변할 수 있다는 사실을 인식해야 합니다. 직장과의 고용관계가 정년까지 보장된다고 굳게 믿고 만족해하고 있다가 갑자기 퇴출소식을 접했을 때의 예와 같이 만족한 상태가 지속되기를 바라고 있다가, 돌연 불만족한 상황에 직면하게 되면 지금보다 더 괴로워지게 되고 깊은 절망감에 빠질 수 있습니다. 그러나 우리가 만족한 상태가 항상 지속되는 것이 아니라는 사실을 인정하고 마음의 준비를 하고 있다면, 불만족한 상태가 오더라도 마음이 크게 흔들리지 않고 당연한 것으로 받아들이게 됩니다. 우리가 어떤 마음자세를 갖는 것이 현명한지는 스스로 판단하고 선택해야 할 문제인 것입니다.

내 마음과 같은 사람은 거의 없다고 생각하라

필자가 직장에서 근무하던 젊은 시절을 상기해 보면 그 당시 스트레스로 인해 힘든 경우가 많았지만 대부분의 스트레스가 업무관계보다는 인간관계에서 비롯되었음을 나이가 들면서 명확히 알게 되었습니다. 당시에는 '왜 사람들은 내 마음 같지 않을까?' 하고 인간에 대한 회의에 빠진 적이 한두 번이 아니었습니다. 지금 생각해 보니 웃음이 터져 나오게 됩니다. 저의 무지했던 과거 기억의 잔영(殘影)을 보면서 말입니다. 인간은 태어나서 부모로부터, 학교로부터, 사회로부터 삶의 바람직한 덕목들을 배웠을 터인데, 어찌하여 사람들은 너무나도 나의 생각과 다르게 행동하는 지에 대해 고뇌하면서 직장생활을 했던 기억이 납니다.

필자는 수십 년간의 직장 경험과 사회생활 그리고 나이가 들면서 인간은 서로 다를 수밖에 없다는 사실을 깨닫게 되었습니다. 인간은 살아온 환경, 교육, 경험, 지식 등이 서로 다르기 때문에 머리에 입력된 내용물이 다를 수밖에 없습니다. 따라서 인간은 밖으로 표현되는 언행 또한 달라질 수밖에 없는 것입니다. 즉 머릿속으로 들어간 대로 나오기 마련입니다. 마치 컴퓨터에 입력한 대로 출력되는 것과 같은 이치로 말입니다. 직장에서의 동료들도 자신과 같을 수 없기 때문에 인간관계에서 많은 갈등이 발생하게 됩니다. 인간은 서로 다르다는 점을 명확히 이해하고 관계를 이루어간다면 나의 생각은 옳고 상대방의 생각은 그르다는 관념이 해소됩니다. 그리고 좀 더 바람직한 인간관계를 할 수 있게 되고 자신을 이해하는 것과 같이 상대방도 이해할 수 있게 됩니다. 중요한 것은 내 마음과 비슷한 사람은 있어도 같은 사람은 절대 없으며, 사람들은 서로 다를 수밖에 없다는 사실을 바로 알 때 인간관계에서 오는 갈등과 긴장감은 상당 부분 사전에 방지할 수 있을 것입니다.

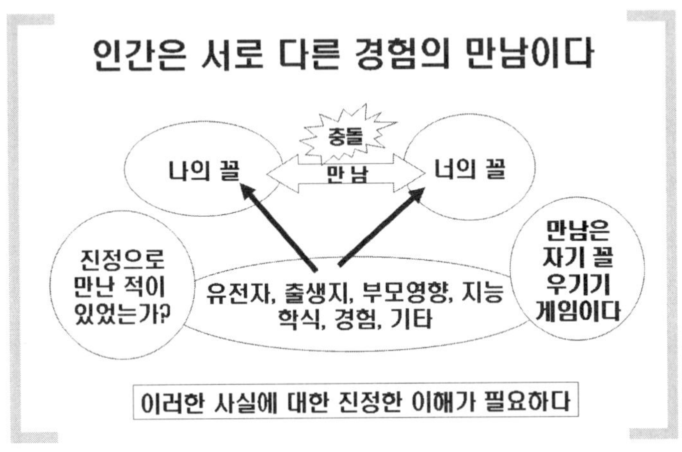

능력을 인정받으려 하지 말고 이를 위해 노력하라

직장인이라면 당연히 맡은 분야에서 자신의 능력을 인정받고, 업적에 대하여 공정한 대우를 받으려 할 것이며, 업무능력을 향상시키기 위해서 자기개발에도 힘을 쓸 것입니다. 그러나 자기 나름대로 능력을 발휘했다고 자부(自負)하지만, 자신의 능력을 인정하는 사람은 상사입니다. 직장인이 아무리 열심히 일을 했어도 업무성과가 좋지 않으면, 상사는 직원의 능력을 인정하지 않게 됩니다. 단지 열심히 일을 했을 뿐이라는 사실만이 확인됩니다. 이때 인정받지 못한 직장인은 의기소침해 지게 됩니다. 이러한 상황이 반복된다면 알게 모르게 자신감을 잃게 되고 스트레스를 받게 됩니다. 또한 공정한 평가가 이루어지지 않아 불공정한 대우를 받는다 해도 마찬가지 일 것입니다.

능력 인정이라는 것은 일의 결과에 대한 긍정적인 확인 작업입니다. 직장인이 아무리 열심히 일을 했어도 업무성과가 나빠 상사로부터 능력을 인정받지 못할 수도 있고, 업무성과가 좋아 능력을 인정받을 수도 있습니다. 그렇기 때문에 업무결과에 대한 평가를 너무 의식하면서 일을 할 경우에는 결과가 좋으면 다행이겠지만 그렇지 못하다면 마음만 아프게 됩니다.

직장에서는 직원들에 대한 업무능력 평가가 일상화 되어 있습니다. 그래서 자신의 신분에도 많은 영향을 받게 됨에 따라 업무

능력 향상에 신경을 많이 써야 합니다. 이러한 과정에서 직장인들은 많은 부담감을 갖게 됩니다. 그러나 능력이라는 것은 많은 경험과 시행착오를 통해 쌓여지게 됩니다. 이러한 점을 인식하고 자기개발을 게을리 하지 말아야 합니다.

그리고 직장인은 항상 최선을 다하면서 나를 알아주기를 바라거나 능력을 인정받으려는 목적으로 일하지 말아야 합니다. 평상심(平常心)을 갖고 꾸준히 노력하는 자세가 중요합니다. 또한 사람이 평가하는 일이기 때문에 업무성과가 공정하지 못한 결과가 나오더라도 처음에는 기분이 상하겠지만 살다보면 이러한 일도 있다는 점을 이해해야 합니다. 항상 열심히 일하되 결과는 현실상황에 맡기는 자세가 필요할 것입니다.

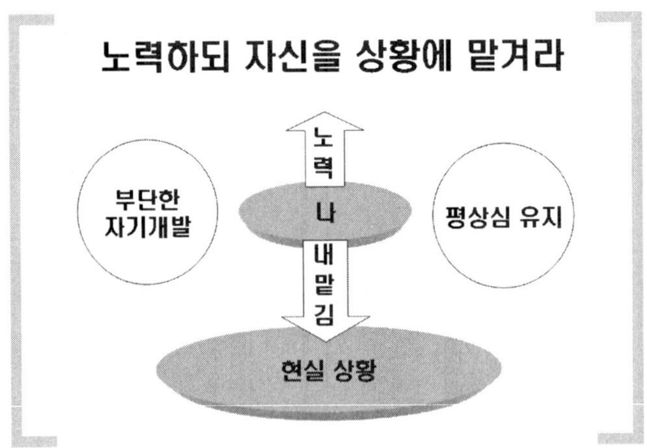

업무상의 실수에 너무 괴로워하지 말라

직장인이라면 누구나 할 것 없이 일을 잘해 윗사람으로부터 능력을 인정받고 싶어 합니다. 그렇기 때문에 업무수행과정에서 발생하는 실수를 야기(惹起)한 자기 자신에 대해서 용납하기가 쉽지 않습니다. 상사 또한 직원의 업무 실수에 대해 말로는 실수할 수 있는 법이라고 말을 하면서도 속마음은 너그럽지 못할 수 있습니다. 때문에 직장인은 일을 잘하기 위해 사전에 철저한 준비를 하는 과정에서 심리적 압박을 받을 수 있고, 실수로 인해 일이 제대로 되지 않아서 상사로부터 질책을 받을 수도 있습니다. 그리고 철저하게 준비하고 과정관리를 한다고 해도 자기 뜻대로 일이 순조롭게 진행되지 않아 어려움에 처하는 경우도 있습니다.

우리는 사소한 실수인 경우에는 큰 문제없이 넘어갈 수 있겠지만, 치명적인 실수로 인해 업무에 지대한 영향을 미치는 경우에는 자신을 컨트롤하기가 쉽지 않게 되고 극도의 좌절상태에 직면하게 됩니다. 이로 인해 우리들의 자신감은 저하되고 일에 대한 과감성을 상실하게 됩니다. 물론 실수 없이 일이 순조롭게 진행된다면 좋겠지만, 아무리 철저히 준비하고 일을 한다 해도 사람이 하는 일이기에 실수가 발생할 수 있습니다. 따라서 우리는 최선을 다해 일을 하되 자신의 능력으로도 어쩔 수 없는 상황이 발생할 수 있다는 점을 인식해야 합니다. 또한 우리가 실수를 한다면 의기소침(意氣銷沈)해 지고 자신감도 잃을 수 있습니다, 그러나 마음을 모질게 먹고 한 생각 바꾸어서 자신을 더 성장시키는 기회라고 긍정적으로 생각하는 것이 중요합니다.

상사의 행동 특성을 이해하고 맞추어 함께 하라

직장인을 대상으로 직장 내에서 발생하는 스트레스 설문조사를 해 보면 상사와의 관계로부터 오는 스트레스가 많은 편에 속합니다. 그리고 직장 상사와의 마찰 때문에 이직(離職)하고 싶은 충동을 느끼고 있다는 응답자가 주류를 이룹니다. 이는 상사로부터 받는 스트레스의 심각성을 반증하는 것입니다. 그러면 직장 상사로부터 받는 스트레스를 어떻게 하면 효과적으로 대처할 수 있을까요?-술자리에서 안주로 삼는 것이 좋을까요? 상사의 이름을 종이에 적어서 나무에 붙여놓고 방망이로 때리는 것이 좋을까요? 이러한 행동은 순간적으로 가슴에 맺힌 응어리를 풀어내는데 매우 긍정적일 수 있음-이를 위해 먼저 스트레스의 근본적인 원인이 어디에 있는지를 생각해 보아야 합니다. 그 원인은 직원의 입장에서 보면 일반적으로 스트레스를 받게 하는 상사에게 있다고 생각합니다. 그러나 스트레스의 원인이 '나 자신'임을 명확하고 냉철하게 자각하게 될 때, 그 해법은 생각보다 용이해지며 적극적이고 긍정적인 차원에서 관리될 수 있게 됩니다. 그러면 몇 가지로 나누어 그 해법을 찾아보도록 하겠습니다.

첫째, 상사 나름의 개인적인 행동 특성을 이해하고 수용하는 일입니다. 세상에는 별의 별 사람들이 있는 법, 상사 또한 마찬가지 입니다. 상사 나름대로의 행동 특성을 가지고 있다는 것을 넓은 가슴으로 받아들여야 합니다. 그러나 "왜 저 사람은 저렇게 행동해!" 하면서 자기관점으로 상사를 재단(裁斷)하게 되면 스스로 그러한 제한된 관념 속에 갇히게 되어 힘들어집니다. 수용하는 마음이 힘들다면 상사와 함께 근무하는 동안에는 힘든 직장생활을 하게 될 것입니다. "저런 언행은 저 분 나름의 특성이구나!" 하면서 한 생각 바꾸어 있는 그대로 상사를 받아들여 보십시오. 순간 힘든 상태에서 벗어나 심신의 가벼움을 느끼게 될 것입니다.

둘째, 상사의 언행에 반응하는 자신의 관념을 섬세히 이해하는 일입니다. 상사로부터 스트레스가 발생하는 것은 상사를 이해하고 함께하기 보다는 "상사는 이래야 돼, 저래야 돼" 하는 고정된 자기 나름의 관념 속으로 들어가 판단함으로써 발생하게 됩니다 -주어진 현실과 기대하는 관념의 차이(Gap)가 스트레스를 유발시키며, 그 차이가 클수록 스트레스는 더욱 가중됨-따라서 자신의 관념을 섬세히 탐구하여 "사람의 언행은 나와 같지 않고, 모두 다른 법이다. 나는 지금 상사를 내가 바라는 방향으로 판단하고 있구나, 그래서 내 관념에 맞지 않아, 내가 힘들어하는 구나." 하고 자신의 고착된 관념을 지속적으로 이해하며 나가는 것입니다. 그렇게 하다보면 관념은 정화되고 마음이 맑아지면서 상사를 바라보는 생각과 대하는 자세가 변하게 되어 동일한 상사의 언행에도 유연하게 대처하게 될 것입니다.

셋째, 상사의 행동 특성에 맞추어 함께 하는 것입니다. 상사의 행동 특성을 보면 대체로 급하고 밀어붙이는 강한 형, 말하기 좋아하고 자신을 드러내는 형, 인간적이면서 안정을 추구하는 형, 깐깐하고 의사결정이 신중한 형 등으로 간단히 구분해 볼 수 있습니다. 따라서 자기 자신을 부딪치는 상황에 따라 유연하게 변화시키고, 상사의 행동 특성에 맞추며 대응해 나가는 것입니다. 상사는 자기를 따르는 사람에게는 좋은 감정을 갖고 호감 있게 대하는 경향이 있음으로, 상사와의 관계가 가까워지면서 다소 스트레스의 영향권에서 비껴 설 수 있을 것입니다. 이 중에는 인격적으로 이해가 되지 않는 언행을 하는 상사, 의도적으로 괴롭힘을 주는 상사들도 있을 수 있습니다. 도저히 수용과 이해로서 해결이 되지 않는 경우입니다. 이때에는 상사의 언행에 자신의 감정을 개입시키지 말고 냉정하게 상사의 언행을 주시하는 것입니다. "참, 안됐구나!" 하면서 말입니다. 시간이 경과하면서 오히려 상사에 대한 자비심이 일어나게 되고 연민의 정을 느끼게 되며 상사를 보는 눈이 달라집니다.

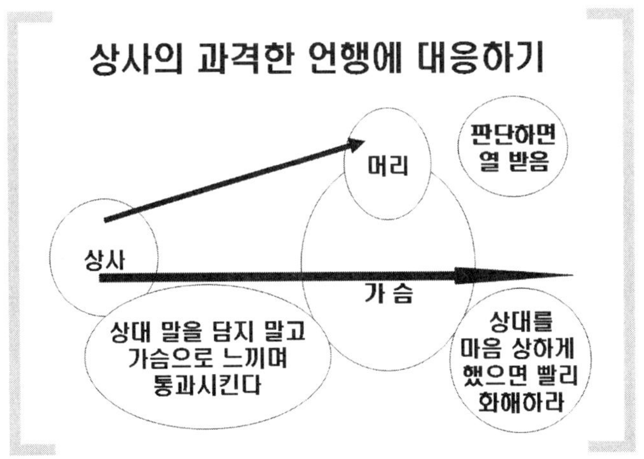

자기능력에 맞는 역할이 주어진다는 생각을 버려라

필자가 자신의 전공과 거리가 먼 업무를 하고 있기 때문에 많이 힘들어하는 한 여성 직장인과 상담을 한 적이 있습니다. 그녀는 어느 직장에 웹 다자이너로 입사해서 부서의 문서관리 업무를 맡게 되었다는 것입니다. 그녀는 자신이 하고 싶은 일을 하지 못하고 능력도 발휘할 수 없기 때문에 하루하루가 고통스럽고 힘들다는 것입니다. 이와 같은 유사한 상황에서 일을 하고 있는 직장인들이 의외로 많습니다.-맡은 업무에 대하여 자신의 전공과 관련된 일을 하고 있는지, 자신의 능력을 발휘할 수 있는 일을 하고 있는지 물어보면 많은 직장인들이 '그렇지 않다.' 라는 대답을 하고 있음-이상적인 생각으로는 사람들이 직장에 들어가 전공 내지 능력에 맞는 일을 하는 것이 당연하겠지만, 현실은 조직의 사정상 그렇지 못한 경우가 많습니다. 그러나 중요한 것은 자신이 어떤 업무를 맡더라도 처음에는 생소하고 힘들겠지만, 점차 일에 적응이 되면서 능력이 향상되고 자신의 전공이 되기 마련입니다.

자기가 맡은 역할이 능력에 비해 미미(微微)하더라도 그 일 자체가 조직의 일이기에 중요한 것이며, 누군가가 그 일을 해야 하는데 자기가 그 일을 맡았다는 사실입니다. 조직에서 업무의 경중이 있을 수는 있겠지만 경시(輕視)해야 할 일은 하나도 없는 것입니다. 따라서 우리는 반드시 자기능력에 맞는 역할이 주어진다는 생각은 일단 접어두고, “내가 왜 이런 일을 해야 돼!” 라고 말하지도 말고, 어떤 업무를 맡더라도 성심껏 수행한다는 자세를 갖는 것이 중요합니다. 그리고 대부분의 조직은 직원이 한 부서에서 오래 근무를 했는지 또는 맡은 업무를 오래 했는지를 감안하여 직원에 대한 순환근무제(循環勤務制)를 실시하고 있습니다. 그러므로 비록 현재 맡고 있는 일이 마음에 들지 않는다 해도 열심히 일하면서 새로운 직무(職務)를 맡게 될 기회를 기다리는 자세가 필요합니다.

자기개발에 대한 강박관념에서 벗어나라

IMF이전에는 직장인들의 신분이 정년까지는 아니라 해도 어느 정도까지는 안정적으로 보장이 되었으나, 그 이후에는 구조조정, 조직개편, 인수합병, 연봉협상, 업무능력평가 등 여러 요인에 의해 자신의 신분보장이 절대적으로 장담할 수 없는 입장에 놓이게 되어 직장인들은 매우 불안한 상태에서 일을 하고 있습니다. 따라서 직장인들은 남에 뒤질세라 열심히 일을 해야 하고 업무성과도 좋아야 하며 직원들과의 관계도 원만해야 합니다. 또한 부서(部署)들이 정예인원만으로 운영되다보니 직원들은 과거와 달리 일인다역(一人多役)의 업무를 수행해야 합니다. 이것이 조직의 현실인 것입니다.

직장인들은 업무수행능력 향상을 위해서 업무관련 자기개발이 필요하고 자신의 퇴사 후를 대비한 자기개발도 절대적으로 필요합니다. 따라서 외국어 능력, 업무 능력, 프레젠테이션 능력, 리더십 등의 여러 분야에서 자기개발을 도모하고 있습니다. 그리고 후일에 활용할 수 있는 여러 가지 자격증을 취득하기 위해 노력하고 있습니다. 이를 위해 직장에서는 교육비 명목 내지 복리후생 차원에서 자기개발 비용을 지원해 주는 경우도 있으며, 지원이 없을 때에는 스스로 해결하고 있습니다.

직장인에게 자기개발이 아무리 중요하다고 해도 현재 자기가 개발하고 있는 내용들이 자신에게 그 필요성이 절실하게 느껴지든가, 개발한 후에는 이것을 즉시 활용할 수 있어야 부담감이 적게 됩니다. 그리고 자기 스스로 하고 싶은 것을 개발해야 좋은 성과를 얻게 됩니다. 그러나 우리가 직장에서 자기개발을 요구하니까 하고 남들이 하니까 하고 어쩔 수 없으니까 한다면 매우 고통스럽고 힘겨워지게 됩니다. 또한 자기개발을 게을리 하면 남들보다도 뒤떨어지지 않을까하는 염려스러운 마음은 직장인들을 더 더욱 힘들게 합니다. 자기개발이 지금 당장은 활용 면에서 필요하지 않지만 단지 자기개발 측면에서 개발을 해야만 하는 경우에는 부담감은 크겠지만 자신을 지탱해 주는 버팀목이 될 수 있습니다. 따라서 직장인들은 자기개발에 대한 강박관념에서 벗어나, 현재를 중요시하면서 멀리보고 자기개발에 힘써야 할 것입니다.

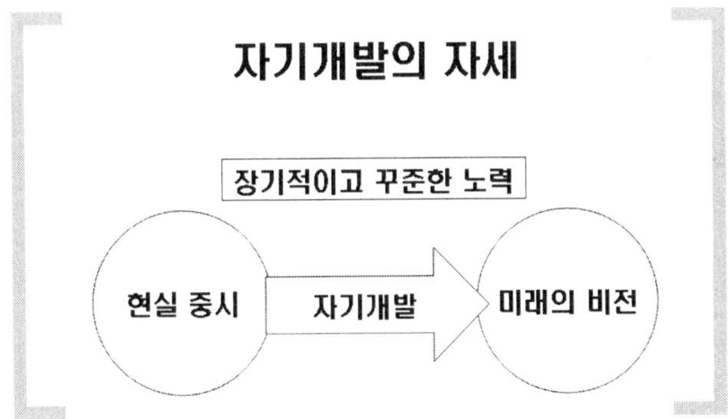

발생하지 않은 일에 대해 두려워 말라

최근에 독자 여러분들이 걱정했던 몇 가지 일을 상기(想起)해 보고, 그 일이 실제로 발생하였는지 아니면 마음속에서만 두려워했는지 생각해 보십시오. 아마도 대부분의 두려움은 단순히 기우(杞憂)에 지나지 않는 경우가 많았을 것입니다. 한 연구에 의하면 사람들이 느끼는 두려움은 결코 일어나지 않을 일에 대한 두려움, 과거에 있었던 일에 대한 두려움, 걱정할 필요가 없는 두려움, 사소하거나 아주 작은 일에 대한 두려움, 실제로 두려움이 일어나고 있지만 해결할 수 있는 문제에 대한 두려움과 해결할 수 없는 문제에 대한 두려움의 순으로 나타난다고 합니다. 그러니까 우리들이 실제로 피부로 느끼는 두려움은 생각보다 많지 않습니다. 대체로 사람들은 발생하지도 않은 일이 일어날 것만 같이 생각하기 때문에 두려움을 느끼게 됩니다. 사람들이 두려움에 대해 지나치게 의식함으로써 생활에 부정적인 영향을 미치게 되고 스스로 마음을 고통스럽게 합니다.

우리는 직장생활을 하면서 업무과정상에서 실수할지 모른다는 두려움, 업무성과에 대한 두려움, 상품개발 실패에 대한 두려움, 상사로부터 능력을 인정받지 못할지도 모른다는 두려움, 동료들보다 승진이 뒤떨어질지도 모른다는 두려움, 자신의 신분 보장에 대한 두려움 등 현재 발생하지도 않은 미래에 대한 두려움 속에서 생활하는 경우가 많습니다. 미래가 어떤 모습으로 우리에게 다가올지 모르는 법입니다. 우리들의 생각대로 될 수도 있고 그렇지 못할 수도 있습니다. 그러므로 아직 발생하지도 않은 일에 대하여 두려워하는 마음을 놓아버려야 합니다. 현재 맡은 일을 충실히 하면서 그 결과는 상황에 맡겨버리는 것입니다.

성공, 처세관련 서적에 너무 의존하지 말라

많은 직장인들은 지금보다 더욱 성장 · 발전하기 위해 최선의 노력을 경주(傾注)합니다. 이때 이들에게 도움이 되는 것 중의 하나는 '성공적인 인생과 관련된 책', '처세와 관련된 책' 등을 읽는 것입니다. 이러한 책들은 최선의 노력을 다하여 자신의 뜻을 펼치라는 메시지를 제공하고 있습니다. 또한 현실을 슬기롭게 살아가면서 자신이 원하는 것을 성취하라는 논조가 대부분입니다. 저자(著者)가 그 책에서 제시해준 대로 독자들이 실천하면 성공할 가능성이 높다는 메시지입니다. 그러나 그러한 가르침을 토대로 우리가 열심히 실천한다 해도 자신이 뜻하는 바가 실현되지 않아 실망했던 경험이 있을 것입니다. 물론 많은 사람들이 그러한 가르침대로 실천한다고 보기 어려운 점도 있습니다만, 실제로 그러한 가르침을 따라 행한 사람들 역시 자기 뜻대로 되지 않는 경우를 많이 보게 됩니다. 이들은 가르침대로 행했지만 결과가 생각한 대로 실현되지 않는다는 사실로 인하여 이러한 책을 읽지 않은-가르침에 따라 행하지 않은-사람보다도 더 불만감을 느끼게 됩니다. 이는 그 만큼 결과에 대한 기대가 컸기 때문일 것입니다. 따라서 우리는 이러한 책들이 우리의 삶에 약간의 도움이 되는 지침 정도로 인식해야 합니다. 황금률과 같은 지침으로의 의존은 지양(止揚)해야 할 것입니다. 중요한 것은 자신을 굳게 신뢰하고, 자기 앞에 항상 놓여 있는 장애물들을 통과해 나가는 적극적인 자세입니다.

03
자신의 역량을 높이고 심신을 리플레시하라

문제해결 능력을 향상시켜라

우리들은 살아가면서 여러 가지 삶의 문제에 부딪치게 되고 어떤 형태로든 그 문제를 해결해 나갑니다. 때문에 우리들이 문제해결 능력을 높여 나간다면 살아가면서 부딪치는 문제를 해결하는데 많은 도움을 받게 됩니다. 그리고 문제해결 능력은 스트레스를 해결해 나가는데 있어서도 큰 도움이 됩니다. 그러므로 문제해결 능력은 삶의 여러 상황에서 발생할 수 있는 문제를 해결하는데, 효과적으로 사용할 수 있는 스트레스 대처자원이기도 합니다. 때문에 우리들이 직장에서 겪는 스트레스를 불쾌하게 생각하지 않고 해결할 수 있는 문제로 여기고 접근한다면, 우리가 겪는 스트레스를 어느 정도 감소시킬 수 있게 됩니다.

우리는 어떤 문제가 발생하게 되면 이를 합리적으로 다루려 하기보다는 걱정하고 두려워함으로써 오히려 스트레스를 크게 만드는 경우가 있습니다. 따라서 문제 상황에 대하여 “이 상황을 다루기 위해 내가 할 일은 무엇인가?” “일이 잘 해결되기 위해서 나는 어떤 구체적인 행동을 해야 하는가?” 라고 자문하면서 문제를 차근차근히 해결하려는 자세가 필요합니다. 그리고 문제를 해결하는데 어느 정도 정형화된 방법이 도움이 될 수 있습니다. 이를 위해 다음과 같이 문제해결 단계를 간략하게 정리했습니다.

첫째, 현재상황에 대한 바람직한 모습을 생각합니다.

둘째, 현재상황을 있는 사실 그대로 그려봅니다.

셋째, 현재 발생하고 있는 문제를 생각합니다.

넷째, 문제가 발생한 근본원인을 여러 각도로 생각합니다.

다섯째, 각 근본원인에 대한 해결책을 생각합니다.

여섯째, 대안(代案)도 함께 생각합니다.

일곱째, 해결책의 우선순위를 중요도에 따라 정합니다.

여덟째, 우선순위 순으로 몸소 실천합니다.

아홉째, 실천 시 결과를 너무 따지지 말고, 과정을 중요시 합니다.

마지막으로 인내하며 결과를 기다립니다.

문제해결을 위해서는 반드시 문제를 해결하고 말겠다는 마음과 그 결과를 기다리는 자세가 중요합니다. 그리고 문제해결의 결과가 지금은 소망스럽지 못하더라도 결코 실망하지 말아야 합니다. 다음번에는 좋은 결과를 얻을 수 있다는 믿음을 갖고 인내하며 노력하는 자세가 필요합니다. 따라서 인간의 노력만이 있고 기다림이 없다면 인생에서 좌절할 수 있습니다. 반면에 노력 없이 좋은 때가 오기만을 기다린다면 결코 기회는 오지 않습니다. 평소에 노력하면서 미래를 대비하고 때가 올 때 최대한 기회를 잡는 것입니다.

좋은 인간관계를 형성하라

우리들이 사람들과 좋은 인간관계를 유지하기 위해서는 서로를 이해하고 배려하는 마음을 간직할 때 가능한 일입니다. 그리고 좋은 인간관계를 통해서 사람들은 서로간의 친밀감을 느끼게 되고, 자신이 성장 발전해 나가는데 큰 도움을 주고받기도 합니다. 사람들은 물과 공기가 없으면 절대 살아갈 수가 없습니다. 자연의 도움을 받아야만 살아갈 수 있습니다. 이처럼 사람들은 독불장군 식으로 절대 혼자서 살아 갈 수 없습니다. 반드시 누군가와 서로 도움을 주고받으면서 살아가게 되고, 이를 통해 성장 발전하게 됩니다. 이러한 주고받음도 바로 원만한 인간관계 속에서 피어나는 것입니다.

동료간의 업무적 갈등으로 인해 인간관계에 나쁜 영향을 주게 되면, 우리는 직장생활을 하는데 많은 어려움을 겪게 됩니다. 그러므로 우리는 이러한 어려움을 사전에 예방하고 좋은 인간관계를 만들어 나가기 위해서, 상대방을 진심으로 이해하고 그들을 따뜻한 마음으로 받아들이는 자세가 중요합니다. 사람들이 행하는 모든 언행은 그들의 성장과정, 교육정도, 경험, 지식 등이 다르기 때문에 서로 다를 수밖에 없다는 점을 인정해야 합니다. 따라서 자신의 가치기준으로만 상대방을 판단하지 말고 상대방을 있는 그대로 받아 들여야 합니다. 그리고 스스로 자신을 낮추고 상대방의 입장에 서서 그들의 욕구에 맞추어 나가는 자세가 필요합니다.

의사소통 능력을 향상시켜라

옛말에 '말 한마디로 천량 빚을 갚는다.'라는 말이 있습니다. 이는 말하는 사람이 상대방의 심금(心琴)을 울렸다는 의미로 받아들일 수 있습니다. 한마디로 의사소통의 중요성을 의미하는 것입니다. 이러한 관점에서 볼 때 사람들 간에 발생하는 갈등과 불협화음(不協和音)은 상호간의 의사소통이 원만하게 이루어지지 않기 때문입니다. 기본적으로 상대방의 입장은 이해하지 않고-상대방의 말은 받아들이려 하지 않고-자신의 입장과 생각만을 상대방에게 주장함으로써 결국 상대방과 의견이 충돌하기 때문입니다.

의사소통은 인간 상호간의 생각과 느낌을 함께 나누는 능력을 말합니다. 그리고 좋은 인간관계는 상호간의 효과적인 의사소통에 의해 만들어 집니다. 따라서 우리가 의사소통 능력을 향상시키면 인간관계로부터 발생하는 갈등 내지 불협화음을 예방하고, 상호간의 이해를 증진시키는데 많은 도움이 됩니다. 이와 더불어 우리가 효과적인 의사소통을 하기 위해서는 일단 자신의 입장은 낮추고 상대방의 입장을 배려하는 마음자세가 필요합니다. 그리고 상대방에게 자신의 이야기를 명확하게 전달하고, 상대방의 이야기를 가슴으로 경청하는 자세가 중요합니다. 말에 의한 의사소통이 아닌, 가슴이 통하는 의사소통이 중요한 것입니다.

갈등 해결을 위해 노력하라

여름 휴가철을 맞이하여 어느 한 가족이 가족여행을 떠나려 할 때, 부부는 설악산에 가기를 바라고 자녀들은 동해바다에 가서 해수욕을 즐기기를 희망한다면 부모와 자식간에 어떤 문제가 발생할까요? 나는 이렇게 하고 싶은데 상대방은 저렇게 하려고 할 때, 어느 한쪽도 무시하지 않고 양쪽 모두에게 만족을 주는 의사결정은 쉽지 않을 것입니다. 그리고 상대방의 입장은 무시하고 나의 입장만을 고집하려 한다면 상대방과 갈등이 발생하게 됩니다. 이것은 상대방의 요구와 상반되는 자신의 요구에 상대방을 맞추려 하기 때문에 갈등을 경험하게 되는 것입니다. 나의 의견을 접고 상대방의 의견에 따라 간다면 갈등은 발생하지 않겠지만, 무조건 상대방의 요구에 응할 수도 없는 일입니다. 때문에 삶은 단순하지 않고 갈등의 여지가 항상 상존(常存)하고 있는 것입니다.

갈등에는 인간 상호간의 이해관계가 상반(相反)되어 발생하는 갈등이 있고, 내면에서 '이렇게 하고 싶은 마음'과 '저렇게 하고 싶은 마음'이 일치하지 못하고 마찰을 일으키는 개인적인 갈등이 있습니다. 갈등을 해소하려면 어떤 두 가지 중에서 하나를 선택하는 일입니다. 갈등은 양단간에 어느 하나를 선택하지 못하고 평행선을 달릴 때 발생합니다. 이러한 단순한 사실을 우리가 알지 못하기 때문에 갈등이 해소되지 않는 경우가 많습니다. 우리가 양단간에 어느 하나를 반드시 선택해야만 한다는 것을 인정한다면 평행선을 달리는 상호간의 이해관계를 조정해야 합니다. 그리고 서로 만족할 수 있는 새로운 대안을 입안(立案)하고 최종적으로 선택함으로써 갈등을 쉽게 해소할 수 있습니다. 직장에서 발생하는 수많은 업무상의 갈등은 동료 상호간 가치기준의 상이함에서 발생하는 경우가 많습니다. 그러므로 갈등을 해결하기 위해서는 상호간의 의견을 존중하면서 자신과 상대방의 가치기준을 명확히 해야 합니다. 공통되는 부분은 함께 공유하고 조직목표 달성 관점에서 명확하게 우선순위를 설정해야 합니다. 끝으로 만족한 대안을 조화롭게 결정한다면 갈등은 쉽게 해결될 것입니다.

자기주장성을 키워라

우리가 스트레스를 받는 원인 중의 하나는 자신이 느끼고 생각한 바를 남에게 말하기 어려워하고, 적절하고 효과적으로 자신을 표현하지 못하고 자신을 억압하기 때문입니다. 따라서 우리는 다른 사람의 인격을 손상시키지 않고, 솔직하게 자신이 뜻하는 바를 말할 수 있는 자기주장성을 가져야 합니다. 여기서 주장성(主將性)이란 자신의 감정뿐만 아니라 자신이 요구하는 것을 상대방에게 솔직히 털어 놓는 것입니다. 또한 우리는 다른 사람의 감정이 손상되지 않도록 배려하고, 상대방이 자신의 주장에 대해 반응할 기회를 주는 것입니다. 그리고 상대방의 반론에 겁내지 않고 적절히 대응하는 것입니다.

주장성은 직접적이고, 자기표현적이며, 솔직함을 갖춘 정직한 자세로서 상대방에게 매우 적절히 행동하고 반응하는 것입니다. 또한 주장성은 자신감을 갖게 하는 행동이고 목표 지향적인 행동입니다. 그리고 정직한 자세로 자기주장을 할 때에는 자기 내면의 에너지를 외부로 분출시켜 상대방을 감화시킵니다. 이때 주장성 있는 사람들의 행동을 살펴보면 자신을 스스로 낮추면서 상대방의 눈을 겸손하게 바라보고, 바른 자세를 유지하면서 우물쭈물하지 않고 단호한 목소리를 내며, 자신이 결정한 것에 대하여 명확한 책임을 집니다.

긍정적으로 생각을 조절하라

스트레스를 해소하기 위한 한 방법으로 자신의 잘못된 외골수적인 생각이나 습관을 스스로 파악하고 바로 잡는 것입니다. 이를 위해 스트레스를 받았던 때의 사건, 상황, 생각, 감정 등을 평소에 기록해 두었다가 나중에 마음이 평온해졌을 때, 그 당시의 상황을 상기하면서 스트레스의 원인을 상세히 파악하고 해결책을 만들어 보는 것입니다. 즉 스트레스 유발상황에 대해 자신의 평소 잘못된 생각을 정리하고, 감정과 행동에 변화를 주는 해결책을 강구하는 것입니다. 이것은 스트레스 상황에 대해 부정적으로 반응하지 않고, 합리적인 사고를 통해 자신의 행동을 변화시키는 것입니다.

예를 들어 직원들과 자주 갈등이 있다고 가정해 볼 때, 평소 자신의 생각을 살펴보면 '남들이 나를 싫어한다.' '남들이 나를 무시한다.' '상사가 나만 미워한다.' 라는 생각을 할 수 있습니다. 이때 자신의 생각을 긍정적으로 전환해서 반갑게 인사해준 동료를 떠 올리고, 자기를 인정해 주는 후배를 생각하며, 자기를 좋아하는 다른 간부 내지 선배를 생각해 봅니다. 이와 같이 자신에 대한 부정적인 생각을 넓은 관점에서 긍정적인 생각으로 전환하고 행동한다면 좀 더 활력 있는 행동이 가능할 것입니다.

하는 일마다 잘 되지 않았을 경우에는 '나는 무능하다.' '나는 실패자다.' '나는 되는 일이 없다.' 라고 반응하게 됩니다. 이때에도 자신의 생각을 긍정적으로 전환하여, 그런대로 잘 했던 일도 있었다고 생각해 보고, 엄청난 사고는 없었다고 스스로를 위안한다면, 위축된 자신으로부터 다소 나마 벗어날 수 있을 것입니다.

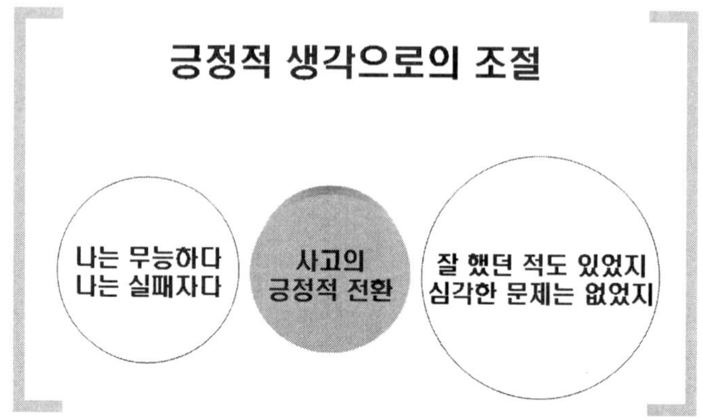

고정된 인생시각을 새로운 인식을 가지고 바꿔라

우리가 고정(固定)된 시각을 가지고 인생을 살아간다면 어느 상황에서는 바른 자세가 될지 모르겠지만, 자칫 유연하지 못한 삶을 살아가게 됩니다. 그리고 고정된 시각은 자신의 행동을 변화시켜 나갈 때 바람직한 어떤 덕목(德目)을 따라야 한다는 생각을 가짐으로써 한쪽에 편중되는 관념을 갖게 됩니다. 따라서 우리는 넓은 가슴으로 삶을 포용하고, 삶에 대한 넓은 시각을 가질 필요가 있습니다. 여기서 우리들이 새롭게 자각해야 할 점을 몇 가지 예를 들어 소개하면 다음과 같습니다.

첫째, '잘못된 점은 고치고 올바른 것은 실천하면서 살아가는 것만이 바른 삶이다.' 라는 고정된 시각을 '실수는 한 인간으로 성장해 나가는 과정에서 늘 있을 수 있는 일이며, 이를 통해 더욱 강건해 질 수 있다.' 라는 시각으로 바꾸는 것입니다.

둘째, '나는 남들이 인정하는 성공을 이루지 않으면 안 된다.' 라는 시각을 '다른 모든 사람도 나처럼 나름의 재능이 있어 성공할 권리가 있다.' 라는 시각으로 바꾸는 것입니다.

셋째, '고통스럽게 살지 않으려면 철저하게 미래에 대한 계획을 세워야 하며 이럴 때 바른 삶을 살 수 있다.' 라는 시각을 '비록 지금의 고통으로 힘은 들지만, 이 고통은 후일 기쁨의 수확을 위한 과정이다.' 라는 시각으로 바꾸는 것입니다.

넷째, '목표를 달성하기 위해서는 사람들을 강력하게 대하지 않으면 안 된다.' 라는 시각을 '자연은 모든 사람들에게 똑같이 자연의 혜택을 베풀고 있다. 이는 모든 사람이 평등하다는 의미이다. 그러므로 모든 사람을 사랑으로 포용해야 한다.' 라는 시각으로 바꾸는 것입니다.

몸과 마음을 조화롭게 관리하라

길을 걸어가는 모든 사람들에게 지금 원하는 것이 무엇인지 물어본다면, 대부분의 사람들은 지금보다 더 나은 삶을 살기를 바란다든지, 자신이 하고 있는 분야에서 성공하기를 바란다고 답변할 것입니다. 그러나 이러한 것이 성취되기 위해서는 '적당한 경제력, 원만한 가정생활, 사람들과의 원활한 관계유지, 교양 있는 생활자세, 힘든 삶을 헤쳐 나가기 위한 적극적인 정신자세 그리고 심신의 건강' 등과 같이, 여러 가지 삶의 덕목이 조화로울 때 가능하리라 생각됩니다. 우리는 위에서 지적(指摘)한 모든 삶의 덕목이 중요하다고 볼 수 있겠지만, 이 중에서 가장 중요한 것을 선택하라고 한다면 무엇보다도 건강일 것입니다.

우리가 건강하지 못하다면 그 어떤 것도 이룰 수 없습니다. 설령 원하는 것을 얻었다 하더라도, 건강을 잃으면 그 모든 것을 잃게 될 것입니다. 사람들에게 일반적으로 어떻게 건강관리를 하고 있는지를 물어보면, 대부분의 사람들은 신체 건강에 우선적으로 초점을 두고 운동, 영양 많은 음식, 보약, 휴식 등을 통한 몸 관리를 한다고 말을 합니다. 또한 어떤 사람들은 독서, 취미활동, 명상, 기도 등을 통하여 마음 관리를 한다고도 합니다. 그러나 사람들은 건강관리를 한다고 하면 주로 신체적인 건강에 초점을 맞추고, 마음 건강은 그 중요성을 인식하고는 있지만, 의외로 이를 간과(看過)하고 살아가는 경우가 많습니다. 올바른 건강관리를 위해서는 몸 관리와 마음 관리의 적절한 조화가 절대적으로 필요합니다. 어느 한쪽으로 편중되지 않는 건강관리가 되어야 합니다.

일상생활에서 잠시 벗어나라

직장 스트레스로 인해 많은 직장인들의 심신이 지쳐있습니다. 그러므로 바쁜 가운데에서도 잠시 일상(日常)에서 벗어나, 자기가 하고 싶은 활동에 몰입하여-물론 스트레스가 근본적으로 풀어지지는 않지만-심신을 활기차게 하면서 쌓여 있던 스트레스를 풀어내어, 삶에 활력을 불어넣어야 합니다. 일상에서 벗어나서 몰입할 수 있는 방법으로 다음과 같은 것들을 생각해 볼 수 있습니다.

첫째, 마음의 동반자와 함께 여행을 하면서 환경을 새롭게 바꾸어 보고 기분을 전환시켜 봅니다.
둘째, 가족과 함께 외식을 하든가, 자녀들과 놀이를 하는 등의 즐겁고 여유로운 시간을 보냅니다.
셋째, 자신이 진정으로 좋아하는 취미 활동을 선택하여 온 마음으로 몰입해 봅니다.
넷째, 야외(野外) 드라이브, 산행, 관광 등을 통해 자연과 함께 호흡할 수 있는 시간을 갖습니다.
다섯째, 자신을 전적으로 몰입하는데 효과적인 운동을 규칙적으로 합니다. 이때 자신이 선호하는 운동을 해야 효과가 큽니다.

이상과 같이 일상에서 벗어나는 것만으로도 삶에 큰 활력을 얻을 수 있습니다.

자신의 희로애락을 적절히 표현하라

인간은 구조적으로 기쁠 때 기뻐하고, 노여울 때 노여워하고, 슬플 때 슬퍼하며, 즐거울 때 즐거워하게 되어 있습니다. 이러한 감정들은 자기 자신에 대하여 매우 솔직하고 자연스러운 표현이며, 가슴에서 우러나오는 삶의 멋입니다. 그리고 있는 그대로 삶의 모습이고, 무엇이라고 시비(是非)할 수 없는 우리들의 참모습입니다.

우리는 어린아이일 때 희로애락(喜怒哀樂)을 마음껏 표현했습니다. 우리가 어떤 표현을 해도 부모님은 그것을 대체로 수용해 주었습니다. 물론 가정교육상 어느 정도의 제약은 있었지만 말입니다. 그러나 점차적으로 나이가 들어가면서 우리는 부모로부터, 학교로부터, 사회로부터 '할 것' '못 할 것' 등의 제약을 받았습니다. 이처럼 마음껏 희로애락을 표현하지 못하고 성장해 왔음을 기억할 것입니다. 예를 들면 "기뻐도, 즐거워도 남에게 그런 마음을 드러내면 안 된다. 항상 겸손해야 한다." "화가 날 때에는 참아야 한다." "남자는 절대 울면 안 된다." "여자는 얌전해야 한다." 등과 같은 말을 들으면서 말입니다. 한마디로 자연스러운 감정을 마음대로 표현하지 못하고 스스로 억누르며 살아왔다는 것입니다.

자신의 감정을 제대로 마음껏 표현하지 못하고 억압하게 되면 활기찬 기운이 몸 안에서 원활히 흐르지 못하고 정체되어 탁한 기운으로 변하게 됩니다. 이로 인해 심신이 부조화(不調和)되고 질병으로 발전될 수 있습니다. 그래서 우리는 어떤 형태로든 감정을 표현하여 밖으로 흘러 나가게 해야 합니다. 물론 감정을 표현할 때에는 감정에 너무 휘둘이지 말고 냉철하게 자신을 살펴볼 줄 알아야 할 것입니다. 사람은 살아가면서 긴장감에서 한 발자국도 벗어날 수 없습니다. 따라서 긴장감을 풀 수 있는 상황이 오면 자연스럽게 푸는 것이 중요합니다. 그래서 요즈음 인위적인 웃음을 통해 심신건강에 도움 주는 형태의 테크닉이 출현했는지도 모를 일입니다.

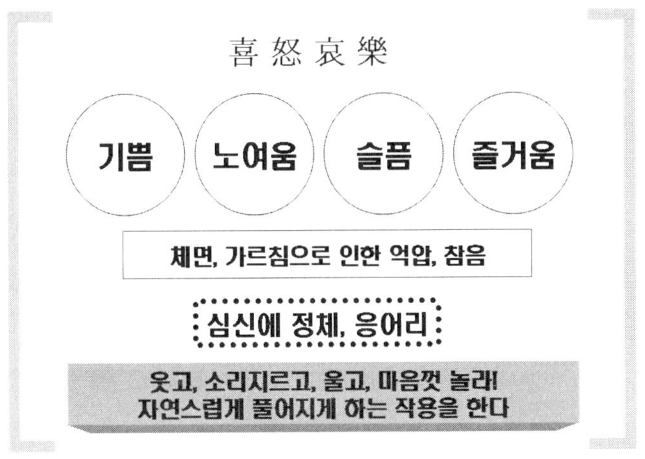

우리가 자신의 감정을 표현할 수 있는 기회는 얼마든지 있습니다. 가정에서든, 직장에서든, 가족 또는 동료에게 기쁜 일이 있으면 마음껏 소리치며 기뻐해 주십시오. 그리고 자기가 하는 일이 잘 되지 않아 마음속에서 분노(忿怒)가 일어나면 다른 사람에게 방해되지 않는 범위 내에서 마음껏 소리치며 분노하십시오. 자신

을 돌이켜 보니 한심하다는 생각 때문에 슬퍼지고 눈물이 나면 마음껏 소리를 내며 우십시오. 동료들과 어울리면서 즐겁게 놀 때에는 마음껏 고함지르며 즐기십시오. 이처럼 우리들은 희로애락을 희로애락으로만 알고 있을 것이 아니라, 삶 속에서 상황에 따라 즉각적으로 우리의 감정을 표현하는 것입니다.

자연과 하나가 되어 보라

인간은 공기, 물, 음식물 등이 있어야 이 몸을 지탱해 가며 살아갈 수 있습니다. 또한 해, 달, 별의 영향을 받으면서 지구상에서 온전하게 생존하게 됩니다. 인간을 살리는 이러한 것들은 모두 자연 그 자체입니다. 우리는 자연을 먹고 자연으로부터 영향받고 살아가는 인간입니다. 따라서 인간은 자연과 밀접하게 연결되어 있는 것입니다. 그런데 어느 때부터인가 인간이 자연으로부터 이탈하기 시작했습니다. 그리고 인간은 자연을 지배하려고 노력합니다. 그러나 자연은 절대 지배되지 않습니다. 인간이 자연을 지배하려고 노력할수록 자연은 오히려 인간을 집어 삼킵니다. 이제는 도처에서 인간은 자연과 더불어 살아가야 한다는 자각의 목소리가 높아지고 있습니다. 인간도 자연 그 자체이기에 자연에서 멀어져 있던 마음을 거두고 자연과 하나가 되어야 합니다. 자연과 '하나 되는 것'은 분명 인간 본성의 회복인 것입니다.

우리는 야외에 나가면 강과 산을 만나게 됩니다. 이때 자연의 풍경(風景)과 자연을 벗 삼아 유흥(遊興)에만 빠지지 말고, 시간을 내어 눈을 감고 '자연과 나는 하나이다.' 라는 기분으로 깊은 호흡을 해 보십시오. 자연의 기운이 나의 몸 안으로 들어온다고 느끼면서 호흡을 해 보십시오. 자연 속에 자신을 100% 몰입하여 행동해 보십시오. 그러면 우리의 몸과 마음이 조화롭게 안정됨을 느끼게 됩니다. 그리고 비록 야외가 아니더라도 집에서, 직장 사무실에서 창밖을 내다보면 저 멀리 강과 산 그리고 구름이 보일 것입니다. 바쁜 일손을 잠시 멈추고 자연을 바라보면서 깊은 호흡하는 것도 심신전환에 도움이 될 것입니다.

어린아이처럼 행동해 보라

우리들이 어린아이의 눈망울을 쳐다보면 그들의 눈망울이 너무나 해맑아서 보는 이의 마음이 맑아지고 근심과 걱정이 사라집니다. 이는 세파(世波)에 물들지 않은 어린아이의 천진스러운 순수함이 우리들의 가슴 속으로 전이(轉移)되기 때문일 것입니다. 우리 모두 이와 같은 어린 시절을 거쳐 성장했습니다. 그런데 우리는 성장해 오면서 수없이 많은 관념(觀念)의 덩어리를 지니게 되었습니다. 몸과 마음은 긴장이 가득 쌓여 탁하게 되었습니다. 순수한 본래의 마음에 많은 때가 끼어 인간 본래의 순수함을 잃게 되었습니다. 이러한 순수함을 회복하기 위해 우리는 다시 어린아이가 될 수는 없지만, 어린아이처럼 되는 것은 가능한 일입니다.

어린아이처럼 된다는 것은 자신 속에서 아무런 근심과 걱정이 없는 어린아이같은 자리를 찾아내는 것입니다. 무심(無心)의 자리를 찾아내는 일입니다. 그러기 위해서 어떤 '놀이'를 할 때 어린아이들이 보여 주는 것과 같은 순진하고 자유로운 분위기속에 빠져보는 것입니다. 모든 것을 잊고 놀이 상황에 전적으로 몰입하는 것입니다. 그리고 길에서, 버스 안에서, 기차 안에서 어린아이들을 보게 되면 아무 생각 없이 그저 바라보십시오. 어린아이들을 바라보고 있으면 내적인 충만감, 본성적인 '생기 넘침' 그리고 존재 속의 희열이 느껴집니다. 우리가 어린아이와 같은 마음

상태로 자신을 되돌려 놓는다는 것은 그 자체가 즐거움이며 환희라는 사실을 깨닫게 됩니다.

사물을 있는 그대로 보라

사람들은 사물을 바라 볼 때 있는 그대로 볼 수가 없습니다. 그 이유는 자신의 관점, 가치기준, 잣대를 통해 보기 때문입니다. 자기중심적으로 모든 것을 판단하기 때문입니다. 이로 인해 부부간, 동료간, 친구간, 사업 파트너간의 관계에서 갈등이 발생하게 됩니다. 이러한 사람간의 갈등이 심화되면서 심적으로 힘들게 되고 나아가 고통 속으로 빠져들게 됩니다. 때문에 우리는 자기중심적인 사고를 지양(止揚)하고 폭넓은 수용의 자세를 갖기 위해서 사물을 있는 그대로 보는 마음자세를 개발할 필요가 있습니다. 이때 우리는 모든 것을 수용할 수 있고 포용하는 마음과 중용(中庸)의 자세를 갖게 됩니다.

사물을 바라 볼 때 '좋다, 나쁘다' 고 분별, 판단, 평가 하지 말고-지금까지 분별하는 마음으로 살아왔고, 이에 길들여져 있기 때문에 쉽지는 않음-그저 바라보십시오. 자기 주관(主觀)을 빼고 있는 그대로 상황을 바라보고 수용하십시오. 이분법에서 벗어나서 그 양면성 모두를 수용하십시오. 상황이 나쁘더라도 저항하지 말고 회피하려고도 하지 말고 그대로 인정하십시오. 모든 것을 자연스럽게 그대로 수용하게 될 때 양극단(兩極端)의 생각은 사라지고 존재만을 느끼게 됩니다. 나와 모든 만물이 둘이 아니고 자기 자신과 하나임을 느끼게 됩니다.

야외로 나가면 잠시 시간을 내어 바위나 꽃, 나무, 날아가는 새, 움직이는 구름 등을 바라보십시오. 아무 생각 없이 그저 말입니다. 정류장에서 버스를 기다리면서 지나가는 사람들을 그냥 바라보십시오. 차 창가에 앉아서 지나가는 거리의 풍경을 그냥 바라보십시오. 전철의 앞좌석에 앉아 있는 사람들을 그냥 바라보십시오. 다정하게 걸어가고 있는 연인들의 모습을 그냥 바라보십시오. 직장에서 일하고 있는 동료들의 모습을 그냥 바라보십시오. 어떤 판단도 하지 말고 그냥 바라보십시오. 평생 해 보지 않은 경험이기에 처음에는 어려울 것입니다. 그러므로 시도하기 쉬운 것부터 시작해 보십시오.

주변(周邊)의 일상적인 것들을 바라보십시오. 상황에 휩쓸리지 않고 떨어져서 담담하게 바라볼 수 있는 것들을 주시하십시오. 점차로 상황을 바라보는 힘이 커지고 나면 자신의 사념(思念)을 주시하십시오. 흘러가는 사념을 판단하지 말고 있는 그대로 주시해야 합니다. 사념을 지우려 하지 말고 사념과 함께 하면서 그저 바라보십시오. 부정적 감정이 일어나면 억압하거나 회피하지 말고 그 감정을 수용하고 있는 그대로 느껴보십시오. 이러한 바라봄의 행위는 우리를 무심(無心)으로 돌아가게 하며 심신을 평온하게 합니다.

자신의 성격 있는 그대로 인정하라

바다에 바람이 거세게 불면 거센 파도가 일고, 바람이 불지 않으면 파도는 잠잠해 집니다. 바다 그 자체는 변함이 없습니다. 이처럼 인간의 성격도 원래 좋고 나쁨이 없는, 성격 그 자체인 것입니다. 단지 어떤 상황에서는 좋다고, 어떤 상황에서는 나쁘다고 생각되는 성격이-좋음과 나쁨은 상호관계로 인해 존재하며 한 쪽이 없으면 다른 쪽도 없어짐-있을 뿐입니다. 그러므로 자신의 '급한 성격'이 나쁘다고 생각되더라도 결코 바꿀 필요가 없습니다. 어떤 상황에서는 오히려 급한 성격이 도움을 줄 수 있습니다. 긍정적인 성격 뒷면에 부정적인 면이, 즉 강한 업무 추진력 뒤에 직원에 대한 배려심의 부족이 나타납니다. 그리고 부정적인 성격 뒷면에는 긍정적인 면이, 즉 업무처리의 소심함 뒤에 업무처리의 신중함으로 나타나게 됩니다. 따라서 자신의 모든 점을 있는 그대로 인정하고 사랑해야 합니다. 자신의 모든 점은 바로 생명력의 표현임을 자각하십시오. 비유컨대 산에 가면 밤나무, 소나무 등 많은 나무들을 보게 됩니다. 이때 어느 나무를 좋다, 나쁘다고 할 수 있겠습니까? 모든 나무가 생명력의 표현이라는 사실입니다. 당신의 어떤 성격이 부정적인 성격이라고 생각되더라도 이를 거부하지 말고 그대로 인정하고 사랑하십시오. 이때 편히 쉬게 됩니다. 당신이 부정적인 성격을 거부하면 거부할수록 그것은 자기를 인정하고 사랑해 달라고 당신을 더욱 힘들게 할 것입니다.

분노를 참지 말고 발산하라

당신의 마음속에서 분노가 일어날 때에는 그 분노를 참지 말고 밖으로 표출해야 합니다. 내가 표출하는 분노가 다른 사람에게 피해를 주지 않도록 남몰래 혼자서 표출하도록 하십시오. 소리를 지르면서 분노를 풀어내십시오. 베개를 손으로 힘껏 때리면서 분노를 푸십시오. 방망이로 땅을 내리 치면서 분노를 푸십시오. 분노는 엄청난 동적(動的)인 힘입니다. 자신이 마음먹은 대로 일이 되지 않으면 참고 참다가 더 이상 어떻게 할 수 없을 정도의 상태에 도달하게 되면 마침내 분노가 폭발하기 마련입니다. 분노가 일어난다고 자신을 자학(自虐)하지 마십시오. 분노는 자신을 진정으로 사랑하기 때문에 일어난다는 점을 이해해야 합니다. 자신을 얼마나 사랑하고 있기에 자신이 하는 일이 뜻대로 되지 않으면 분노가 일어나겠습니까? 자신을 사랑하고 있지 않다면 분노를 일으킬 이유도 없을 것입니다. 다른 사람들이 분노를 표출할 때에도 그들이 자신을 사랑하기 때문에 그런 행동을 한다는 점을 이해해야 합니다. 한편으로 분노를 표출하고 나면 심신에 쌓였던 긴장감과 응어리가 빠져나가게 됩니다. 심신이 안정되고 활력을 얻게 됩니다. 분노가 제때에 표출하지 못하고 쌓이게 되면 후일 질병이 나타날 수 있음을 유념(留念)하십시오. 자! 이제부터 분노를 사랑하십시오. 분노하는 사람을 보면, 그 자신에 대한 사랑에 박수를 보내십시오.

지금 이 순간에 존재하라

사람들의 몸은 지금 이 순간에 존재하면서도 머리는 과거에 있었던 일을 생각하고, 오지도 않은 미래를 생각하며 살아가는 경우가 많습니다. 잠시도 쉬지 않고 여러 가지 생각이 교차합니다. 과거에 있었던 일을 상기하면서 "왕년에 나도 한 힘을 썼지!" 하며 자신을 드러냅니다. 아니면 오지도 않은 미래를 생각하면서 "퇴사 후 무엇하고 살지!" 하며 걱정꺼리를 만듭니다. 그래서 사람들의 머리는 늘 혼란스럽고 복잡하기 마련입니다. 사람의 마음은 습관적으로 과거나 미래에 존재하려고 하지, 지금 이 순간에 존재하지 않습니다. 그러나 반드시 지금 이 순간에 마음이 머물러야 합니다. 현재 주어진 상황에 당신의 마음을 두어야 합니다. 당신의 마음이 현재에 존재하게 될 때 당신은 지금 이 순간에 최선을 다하게 됩니다, 지금 이 순간에 정성(精誠)을 다하게 됩니다. 당신의 마음이 현재에 있을 때 혼란스러운 마음에서 벗어나게 되고 몸과 마음이 안정됩니다. 당신이 이 순간에 존재한다는 것은 아무 생각 없이 멍하니 있는 것이 아닙니다. 현재 하고 있는 일에 대해 전적으로 몰입(沒入)하는 것을 의미합니다. 전적인 몰입은 우리를 무아의 경지로 이끕니다. 나와 하는 일이 하나가 됩니다. 시간은 끊어집니다. 일의 성과는 높아집니다. 이러한 전적인 몰입의 자리에 다른 무엇이 끼어들 수 있겠습니까?

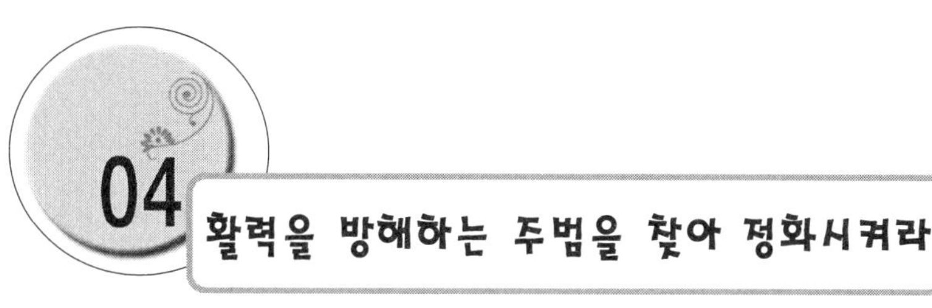

04 활력을 방해하는 주범을 찾아 정화시켜라

스트레스는 풀려고만 하지 말고 해결하려고 하자

사람들에게 누가 스트레스를 만드는지 물어보면, 대부분의 사람들은 자신이 스트레스를 만든다고 대답합니다. 그러나 스트레스를 받게 되는 상황에 부딪치게 되면, 외부 상황 내지 사람으로 인해 스트레스를 받는다고 합니다. 이처럼 사람들은 자기가 스트레스를 만든다는 사실을 머리로는 알고 있습니다. 그러나 스트레스 상황에 직면하게 되면 자기가 만들었다는 사실은 잊어버립니다. 스트레스를 일으키게 한 외부 상황 내지 사람들에게 탓을 돌리는 경향이 많습니다. 그리고는 자신을 압박하는 스트레스를 없애려고 노력합니다. 그러나 그 효과는 일시적이고 단기적이라는 사실입니다. 스트레스가 사라졌다고 생각해도 동일한 상황에 직면하게 되면 사람들은 또 다시 스트레스를 받게 됩니다. 이러한 현상은 끊임없는 반복의 연속이기 때문에 평생 사람들의 마음이 평온하지 못합니다.

우리가 잡초를 없애기 위해서 잡초의 가지나 잎을 제거한다고 해도 잡초는 죽지 않고 더욱 잘 자라게 됩니다. 그러나 잡초의 뿌리를 제거해 버린다면, 그 잡초는 곧 죽게 될 것입니다. 스트레스도 이와 같습니다. 잡초의 가지와 잎을 제거하는 행위는 일시적으로 스트레스를 풀기위해 여러 가지 방법을 행하는 것이고, 잡초의 뿌리를 제거하는 행위는 스트레스의 주범인 근본 원인을 해결하는 것입니다. 한마디로 스트레스 풀기가 아닌 스트레스를 해결하는 것입니다.

우리가 동료와의 관계에서 발생하는 스트레스의 원인을 살펴보면, "그가 나를 기분 나쁘게 하니까 열 받는다." 라고 생각할 경우에, 나의 속마음인 '나 속의 나'를 점검해 보면 나의 기대에 어긋나는 상대방의 언행 때문이라는 사실과 상대방은 이래야 한다는 관념에 집착하고 있음을 알게 됩니다. 이처럼 우리는 다른 스트레스 상황에서도 그 근원 밑바닥에는 '이렇게 되었으면 하고 기대하는 나 속의 나'가 꿈틀거리고 있음을 발견하게 됩니다. 따라서 우리가 근본적으로 스트레스를 해결하기 위해서는 어떤 관념에 집착하고 있는 '나 속의 나'를 느껴야 합니다. 우리는 직장에서 일하면서, 동료들과 관계를 유지해 나가면서, "아! 그래서 그렇구나, 내가 이러한 관념에 사로잡혀 있기 때문에 힘들어하는구나!" 하고 올라오는 관념을 자각하고, 집착하고 있는 관념을 이해해야 합니다.

이러한 자각과 이해를 통해 스트레스를 일으키는 '고정관념'이 정화되어갑니다. 예전에는 스트레스가 일어났던 상황에서도, 이제는 그 상황을 있는 그대로 보게 됩니다. 이는 스트레스 해결만을 위한 자각이 아닌, 인간 의식변화 내지 성숙 측면에서도 매우 유용한 것입니다. 우리가 처음 무엇을 시작할 때에는 의도적이고 의식적인 작업이 필요하나 숙달되면 자연스럽게 할 수 있습니다. 예를 들면 초보 운전시절에는 의식적인 노력이 요구됩니다. 어느 정도 숙달이 되면 의식적인 노력 없이 자연스럽게 운전할 수 있는 경우와도 같은 이치입니다. 따라서 우리는 스트레스를 풀기위해 여러 가지 가르침과 자기가 실천하는 방법들을 존중하면서,

다음 장(활력 있게 움직이고 차분하게 생각하라)에서 제시하는 스트레스 근원적 해결방법을 꾸준히 실천해 나간다면 소망스러운 성과를 얻게 될 것입니다.

활력을 방해하는 주범을 바로 알자

사람들은 '나는 앞으로 이렇게 되어야 해' '내 앞에 펼쳐지는 상황은 이래야 돼' 라고 하며, 자기 나름의 기대와 희망이라는 '관념'을 가지고 살아갑니다. 그렇기 때문에 우리들이 처한 현실이 생각대로 되어주지 못하고, 우리들의 기대와 일치하지 않게 될 때, 감정의 부조화인 스트레스가 발생하게 되어 삶의 활력을 저하시킵니다. 예를 들면 어느 직장인이 업무가 많아 매일 야간 근무를 해야 할 경우에, 이 직장인에게는 이러한 상황이 '현실'인 것입니다. 따라서 현실이 어쩔 수 없는 상황이라면 자신의 관념을 작동시켜 요모조모 따지지 말고, 주어진 현실을 수용하고 열심히 일을 한다면 마음은 편해 질 것입니다. 그러나 직장인의 대부분은 "직장에서 정시 퇴근은 당연한 것인데, 매일 이렇게 늦게까지 일을 해야 하니 피곤하고 괴롭다." 라는 '관념'을 일으킵니다. 그리고는 스트레스를 받고 스스로 활력을 잃어버립니다. 이와 같이 주어진 '현실'과 기대하는 '관념'의 차이(gap)로 인해 스트레스가 발생하게 됩니다. 스트레스가 발생하는 원인에 대하여 좀 더 깊이 생각해 보면 주어진 현실을 수용하지 못하게 하고, 기대와 희망이라는 관념을 작동시키며, 작동하는 관념에 집착하고 있는 '나 속의 나'가 바로 스트레스를 일으키고, 활력 있는 삶을 방해하는 주범이라는 사실입니다. 즉 에고라는 사실입니다.

우리는 이 시점에서 에고와 관련하여 자아(自我)에 대한 명확한 이해가 필요합니다. 자아는 인간이 세상에 태어나 성장하면서 부모, 환경, 사회, 교육 등의 영향에 의해 형성되어진 것으로써 지식, 정보, 경험, 기억, 관념의 집합체입니다. 이것은 평생에 걸쳐서 단단하게 굳어져 인간의 무의식 깊숙이 자리 잡고 있는 '자기주장성, 자기경향성, 자기애착성, 자기중심성' 인 것입니다. 일명 에고(ego)라고 말합니다. (이후 에고라고 칭함) 우리가 평소에 말하는 자아가 바로 에고인 것입니다. 에고는 인간의 의식에 영향을 주어 삶에 커다란 영향을 미치고 행동을 좌지우지 합니다. 그런데 일반적으로 사람들은 이러한 에고를 자신과 동일시하며 애지중지하면서 살아갑니다.

양파 껍질을 한 겹씩 벗겨내다 보면-지식, 정보, 경험, 기억, 관념 등이 나의 것이라는 동일시로부터 벗어나면-아무것도 없는 허공에 이르게 됩니다. 바로 '에고'는 허공이 드러나기 전인 양파 껍질을 의미하고 허공은 인간의 '근원, 본질, 본심' 인 진정한 나를 의미합니다. 바다가 인간의 근원이라면 파도는 인간의 에고라고 할 수 있습니다. 에고는 사물을 있는 그대로 보지 못하게 합니다. 에고는 나름의 렌즈를 끼고 사물을 보게 됩니다. 그러므로 에고는 사물을 왜곡되게 보기 마련입니다. 바로 이러한 에고가 인간을 고통스럽게 하고 스트레스를 일으키는 주범인 것입니다.

에고(ego)를 집중 탐구해 보자

지금부터 우리는 에고(ego)에 대하여 여러 각도에서 집중적으로 조명해 보도록 하겠습니다. 에고에 대한 다양한 내용을 거울삼아, 자신의 내면을 비추어 보면서 음미하며 읽으십시오. 우리가 평소에 '나'라고 하면서 집착했던 그 '나'가 진정으로 무엇인지 이해하게 됩니다. 그리고 우리에게 고통, 번뇌, 스트레스가 왜 발생하는 지를 명확히 알게 되고, 그 해결의 실마리도 스스로 찾게 됩니다.

에고는 유전, 부모, 환경, 교육, 사회 등의 영향에 의해 형성되었습니다. 시간이 지나갈수록 사람들의 에고는 더욱 굳어져 갑니다. 우리는 에고가 진정한 '나'라고 인식하며 살아갑니다. 그리고 에고 속에 가려진 진정한 '나', 근원, 본심은 보지 못합니다. 에고가 고통의 근본 원인이라는 사실을 알지 못하고 살아갑니다.

에고는 자신의 삶에 많은 영향을 끼치고 행동을 좌지우지 합니다. 우리는 마음먹은 대로 행동하려고 하지만, 장기적으로 마음먹은 대로 행동하기가 쉽지 않습니다. 이것은 바로 무의식 깊숙이 각인된 에고의 작동으로부터 기인되기 때문입니다.

에고는 인간의 무의식에 뿌리 깊게 각인된 것으로서 사물을 인식하는 기초가 됩니다. 인식의 기초는 사물의 옳고 그름을 판단하는 지렛대입니다. 때문에 모든 사물에 대한 인식은 에고의 작동으로부터 비롯된다고 할 수 있습니다.

에고는 마음의 때라고도 표현할 수 있습니다. 구름이 해를 가리고 있는 것과 같이, 에고는 인간 본래의 모습과 무한 생명력을 가리고 있습니다. 때문에 인간은 스스로를 한정시키고 제약된 삶을 살게 됩니다.

에고는 현실을 있는 그대로 보지 못하게 합니다. '좋다, 나쁘다' '옳다, 그르다' 는 이분법적인 판단을 가지고 현실을 보고 있기 때문에 우리는 사물을 왜곡되게 보기 마련입니다. 이로 인해 우리의 삶은 고통스럽고 스트레스를 받게 됩니다.

에고는 과거의 반응입니다. 즉 그것은 과거의 지식, 경험, 기억, 관념으로 꽉차있는 마음입니다. 에고는 자기주장성, 자기경향성, 자기애착성, 자기중심성 등으로 표현됩니다. 이러한 과거의 마음이 우리로 하여금 미래를 투사하게 합니다. 그러므로 미래에 대한 생각 또한 과거의 마음에서 크게 벗어나지 않게 됩니다.

에고는 '이렇게 해야 한다. 이렇게 하지 않으면 안 된다.' 라는 인간의 덕목과 당위성에 의해 강화됩니다. 따라서 교육이라는 명분 하에 에고는 더욱 두껍게 쌓여만 갑니다. 사람들은 많이 배우면 배울수록 하심(下心)하기보다는, 오히려 "나는 다방면에서 많이 아는 사람이다." "나는 많이 배운 사람이다." 라고 자신을 드러내어 에고를 강화시키는 경우가 많습니다. 그러나 공부는 평생을 한다고 해도 끝이 없는 법입니다. 한편 우리가 많이 알면 알수록 더욱 모르는 것이 많아집니다. 그리고는 또 다른 무지의 수렁에 빠지게 됩니다. 오히려 모르는 게 약이 될 수도 있습니다. 그리고 모르면 단순해집니다. 우리가 살아가면서 모르는 것을 알고 싶으면 바로 남에게 물어보아 알든가, 스스로 공부하면 됩니다. 이것은 앎을 부정하는 것이 아니라 앎 속에 빠지지 말라는 것입니다.

에고는 새로운 것을 보지 못하게 합니다. 에고는 과거의 기억, 이미지이기 때문에 새로운 것을 보더라도 과거의 기억에 따라 해석하게 됩니다. 따라서 우리가 새로운 것을 보는 것은 단지 과거의 변형일 뿐입니다. 우리가 에고를 정화시켜 사물을 있는 그대로 보게 될 때 사물의 새로운 면을 보게 됩니다.

에고는 인간의 삶을 평생 힘들게 합니다. 인간은 살아가면서 돈, 명예, 권력, 성공 등을 추구합니다. 그리고 목표가 달성되면 "나는 이러 이러한 사람이다." 라고 으쓱대면서 에고가 커져갑니다. 이러한 성취의 뒤편에는 시기, 질투, 권모술수, 깔보기, 욕심 등이 자리 잡고 있습니다. 바로 이러한 에고의 작동이 삶을 힘들게 하고 고통스럽게 만듭니다.

에고는 끝없이 채우려고 합니다. 에고는 가만히 있지를 못합니다. 에고는 가만히 있으면 불안해지고 공허감을 느끼게 됩니다. 따라서 에고는 무엇인가를 부단히 채우려고 여기 기웃, 저기 기웃하면서 동분서주하게 됩니다. 이렇게 채우다 보니 에고가 더욱 커져만 갑니다.

에고가 크면 클수록 스트레스를 많이 받습니다. 에고가 커질수록 수용성이 약해지게 됩니다. 수용성이 약하다는 것은 현실을 있는 그대로 받아들이지 못한다는 것입니다. 따라서 에고가 큰 사람은 수용성이 약해, 에고가 적은 사람보다 스트레스를 많이 받게 됩니다.

에고는 내 속에서 우글거리고 있습니다. '짜증내는 나' '화내는 나' '불평하는 나' '괴로워하는 나' '자만하는 나' 등 헤아릴 수 없을 정도로 가득합니다. 이러한 에고가 바로 우리의 본심을 가리고 있는 것입니다. 그리고 몸속의 기운이 원활하게 흐르지 못하도록 방해하고 있으며 질병을 일으키는 주범이기도 합니다.

에고는 무의식적 작용의 표현입니다. 자연의 경치를 구경하는 순간에는 에고가 작동하지 않습니다. 그런데 머리가 작동하면서 "야, 아름답다." 라고 느낌을 표현하다면 에고가 작동한 것입니다. '아름다움'이라고 하는 것은 무의식 속에 잠재해 있던 과거 경험으로 인한 이미지가 드러난 것입니다. 따라서 에고는 생각, 느낌, 감정, 말, 행동 등으로 나타납니다.

에고는 삶에서 문제를 일으키는 근본 원인입니다. 자동차 사고, 안전사고, 폭력, 갈등 등의 여러 문제를 일으키는 원인은 어떤 특정의 생각, 감정, 행동을 일으키는 '나 속의 나'인 에고에 있습니다. 따라서 우리가 접하는 문제들은 아침에 일어나 저녁에 취침할 때까지 매사에 깨어있지 않기 때문에 발생하는 것입니다.

에고가 강한 사람은 마음을 치유해야 할 사람입니다. 에고가 강한 사람은 생각이 한쪽으로 치우쳐 있는 사람으로서 세상을 자기 기준에 따라 구분하고 판단합니다. 그리고는 스스로 스트레스를 만들어 내고 힘겨워 합니다. 그것은 바로 마음이 심하게 왜곡되었기 때문입니다.

에고는 자기변화 내지 의식개혁을 거부합니다. 자기변화 내지 의식개혁을 위한 어떤 덕목의 교육을 시킨다고 할 때 의식적으로는 교육 내용에 만족하고 변화하려고 노력합니다. 그러나 무의식 속에 잠재된 에고가 작용함으로써 의식적으로 행동하려는 것을 거부하고 원래의 상태로 되돌아가게 합니다. 따라서 진정한 교육이 이루어지기 위해서는 에고를 정화하는 방향으로의 전환이 필요합니다.

에고는 스트레스 해결을 불가능하게 합니다. 스트레스를 만든 것이 에고이고, 스트레스에 시달리고 있는 것도 에고이고, 스트레스를 해결하려고 하는 것도 에고입니다. 진정으로 스트레스를 해결하려면 스트레스를 일으키는 에고를 정화시켜야 합니다. 에고의 정화는 고착된 관념을 섬세하게 자각하고 이해함으로써 가능한 것입니다. 그리고 고착관념이 풀어지게 되어 자기 유연성을 회복하는 것을 의미합니다.

에고는 고통을 받게 되면 스스로 깨어나게 됩니다. 좌절의 연속으로 인해 고통을 받게 되면 엄청난 스트레스에 시달리게 됩니다. 이때 에고는 고통과 아픔을 체험하게 됩니다. 또한 에고는 스스로 자신의 오만함을 깨닫게 됩니다. 그리고 에고는 스스로 미래를 헤쳐 나갈 수 없음을 자각하게 됩니다. 에고는 스스로 벽에 부딪쳤음을 깨닫게 됩니다. 그리고는 "나는 왜 그럴까?" 하면서 자신을 깊이 성찰하게 됩니다. 이러한 과정을 거치면서 마치 병아리가 알에서 깨어 나오는 것과 같이, 굳어 있던 에고는 스스로를 깨뜨리고 본심으로 깨어 나오게 됩니다.

에고는 자신이 하는 일이 잘 되지 않는다는 것을 알게 될 때에야 스스로를 반성합니다. 우리는 대개 하는 일이 잘 되어 가면 내가 잘 나서 그렇다고 합니다. 그러나 자신이 하는 일이 잘 되지 않으면 대부분 환경을 탓합니다. 그리고 하는 일이 더욱 나쁘게 되고 좌절의 상태로 빠지게 되면 자신의 오만함을 반성하게 됩니다. 어떻게 보면 우리가 하는 일이 잘 되지 않는 것이 에고를 반성시키는데 결정적인 역할을 한다고 볼 수 있습니다.

에고는 결국 지치게 마련입니다. 우리는 '힘든 상태에 있는 나'를 극복하기 위해 의지, 열정, 기대, 희망을 가지고 더욱 열심히 일을 합니다, 그러나 마음먹은 대로 일이 진행되지 않는 상황에 부딪치게 됩니다. 결국 우리는 심신이 지쳐 쓰러지게 되고, 아무 생각도 하기 싫어지게 됩니다. 스스로의 힘으로는 한 발짝도 더 나아갈 수 없음을 깨닫게 됩니다. 에고는 힘이 쭉 빠져 버립니다. 이때 우리는 에고에 의한 삶이 한계에 부딪쳤음을 자각하게 됩니다. 이와 같은 과정 속에서 에고는 자신을 되돌아보게 되며, 에고가 멈춰 설 때 우리는 문득 자신의 진정한 생명력을 자각하게 됩니다.

에고는 지식을 먹고 삽니다. 인간은 자기개발이라는 명분하에 많은 지식을 섭렵합니다. 살아가는데 지식은 매우 필요하고 중요합니다. 그러나 지식에 대한 집착이 커질 때 지식은 무지에 가깝게 되고 에고만 더욱 강화됩니다. 그래서 지식이 내 것이라는 집착으로부터 벗어나서, 진정으로 필요한 지식을 취하고 응용해 나가는 지혜가 중요한 것입니다.

에고는 꿈도 꾸지 않는 깊은 잠을 잘 때 사라지게 됩니다. 그리고 우리는 그러한 깊은 잠에서 깨어날 때 행복감을 느끼게 되는 것입니다. 또한 아침에 떠오르는 해, 놀고 있는 어린아이들, 걸어가는 연인들의 모습, 활기찬 운동경기 등을 바라볼 때에 우리는 그러한 상황에 몰입하게 되어 에고는 문득 쉬게 되고 평안함을 느끼게 됩니다.

에고는 교육에 의해서 더욱 커져 갑니다. 구체적으로 정리해 보면, 직장에서는 직원들의 업무능력향상을 위해서 여러 가지 국내외 프로그램을 가지고 교육을 실시합니다. 이로 인해 직원들의 업무능력과 이와 관련된 능력이 향상되고, 업무적으로 많은 도움을 줍니다. 그러나 조직이 바라고 있는 직원들의 행동변화에는 한계가 있습니다. 지적(知的)중심의 교육으로는 인간의 행동을 변화시키기가 쉽지 않은 일입니다. 따라서 직장에서의 교육이 단지 직원들의 머리만 커지게 하는 지식선수를 양성할 수도 있는 것입니다. 직원들이 각종 교육을 많이 받다보면 "나는 많이 알고 있는 사람이다." "나는 너보다 더 나은 사람이다." "나는 이 정도는 다 알고 있는 사람이다." 라는 생각이 굳어져 갑니다. 웬만한 교육으로 그들을 만족시키기가 쉽지 않게 됩니다. 직원들에게 많은 교육의 해택을 제공하는 것이, 자칫 잘못하면 직원들로 하여금 "나는 이 분야에 많은 지식을 가지고 있는 사람이다." 라는

'자신을 내세우는 에고'를 강화시키고, 그들의 자만심(自慢心)을 키울 수 있습니다. 현실적으로 교육은 직원들에게 반드시 필요한 것이기는 하지만, 반면에 에고 강화라는 병폐를 낳기도 합니다. 에고가 강화된다는 것은 인간의 본질, 본심, 근원에서 더욱 이탈된다는 것이며, 동시에 살아가면서 번뇌와 스트레스를 더욱 받게 된다는 것을 의미합니다. 그러므로 각종 교육을 행하기 이전에 인간 본질에 대한 교육이 우선시 되어야 하는 이유가 바로 여기에 있는 것입니다. 인간 본질에 대한 이해를 바탕으로 지식이 꽃피어야 하고 지혜로 승화되어야 합니다.

나의 에고를 알아보자

↦ 나의 에고 진단

다음의 50개 문항을 읽으면서 자신의 에고(ego)를 제대로 표현했다고 생각하면 ○, 애매하다고 생각하면 △, 제대로 표현되지 않았다고 생각하면 × 표시를 하십시오. 각 표시는 * 표시가 없는 공란에 하십시오.

1	자기의 손익을 생각하고 행동하는 편이다	*	*		*	*
2	자유롭게 행동하는 사람이라고 생각한다	*	*	*		*
3	남의 말을 가로막고 자기 생각을 말하는 때가 많다		*	*	*	*
4	생각하고 있는 바를 말하지 못하는 편이다	*	*	*	*	
5	다른 사람을 엄하게 비판하는 편이다		*	*	*	*
6	다른 사람에 대해 헤아려 주는 편이다	*		*	*	*
7	상대방의 언행을 잘 이해해 주는 편이다	*		*	*	*
8	대화 중에 감정적이 되는 일은 적다	*	*		*	*
9	호기심이 강한 편이다	*	*	*		*
10	시간, 금전의 약속을 소홀히 하는 것을 싫어한다		*	*	*	*
11	사람들로부터 잘 보이려고 노력하는 편이다	*	*	*	*	
12	부탁을 받으면 거절하지 못하는 편이다	*		*	*	*
13	양보심이 많으며 적극적이지 못하다	*	*	*	*	
14	사회의 규칙, 윤리, 도덕 등을 중요시 한다		*	*	*	*
15	상황을 분석적으로 깊게 생각한 다음에 결정한다	*	*		*	*
16	싫은 일은 이유를 붙여 뒤로 미루는 경향이 있다	*	*	*	*	
17	사람들의 일을 돌보아 주는 것을 좋아 한다	*		*	*	*
18	자기 생각을 주장하기보다 타협하는 일이 많다	*	*	*	*	
19	감정 보다는 이성적인 편이라고 생각한다	*	*		*	*

20	예절, 도덕, 규범에 까다로운 편이다		*	*	*	*
21	사람들의 의견은 객관적으로 평가하며 듣는 편이다.	*	*		*	*
22	오락, 놀기, 음식 등을 만족할 때까지 찾는 편이다	*	*	*		*
23	책임감을 남에게 강하게 요구한다		*	*	*	*
24	사람들을 대할 때 융통성이 있는 편이다	*		*	*	*
25	상대방의 안색이나 말에 신경을 쓰는 편이다	*	*	*	*	
26	괴로울 때는 참는 편이다	*	*	*	*	
27	'…을 해야 한다.' 는 말을 자주 사용한다		*	*	*	*
28	말하고자 하는 것을 서슴없이 말하는 편이다	*	*	*		*
29	작은 잘못이라도 대충 지나치지 않는 편이다		*	*	*	*
30	사람들의 기대에 어긋나지 않도록 많은 노력을 한다	*	*	*	*	
31	자기 감정을 억누르는 편이다	*	*	*	*	
32	원하는 것을 손에 넣지 않으면 못 배기는 편이다	*	*	*		*
33	무슨 일이나 사실에 입각해서 판단한다	*	*		*	*
34	'야, 멋있다' 등의 감탄사를 자주 사용한다	*	*	*		*
35	자신감이 없고 열등감을 느낄 때가 많다	*	*	*	*	
36	여러 가지 책을 많이 읽는 편이다	*	*		*	*
37	농담을 잘 하는 편이다	*	*	*		*
38	화내는 일이 많은 편이다	*	*	*		*
39	'좋다, 나쁘다' 를 분명하게 말 한다		*	*	*	*
40	앞으로의 일을 냉정하게 생각하고 행동한다	*	*		*	*
41	잘 모르는 것은 질문이나 상의해서 처리한다	*	*		*	*
42	아이들이나 부하, 후배의 잘못에 대해 관대하다	*		*	*	*
43	상대방의 말에 귀를 기울여 공감하는 편이다	*		*	*	*
44	아이들이나 부하, 후배를 엄격히 지도, 교육 시킨다		*	*	*	*
45	기분에 취하면 도가 지나치는 행동을 할 때가 많다	*	*	*		*
46	누가 길을 물으면 친절히 가르쳐 준다	*		*	*	*
47	감정이 풍부한 편이다.	*	*	*		*
48	친구나 가족들에게 많은 배려를 하는 편이다.	*		*	*	*
49	몸이 좋지 않을 때는 자중해서 무리하지 않는다	*	*		*	*
50	동정심이 많다고 생각한다	*		*	*	*
합계						
		FP	MP	A	FC	AC

*에고(ego)진단은 TA의 에고 체크리스트를 활용하였음

➺나의 에고 판단

50개 문항에 대한 표시가 완료되면, 5개의 체크 란에 있는 ○는 2점, △는 1점, ×는 0점으로 계산하고, 그 숫자를 아래쪽으로 합산하여 합계란의 FP, MP A, FC, AC 란에 각각 기재합니다.

5개의 에고 중에서 점수가 가장 높은 것은 자신의 주 (主)에고로서 일상에서 두드러지게 가장 많이 나타나고, 점수가 두 번째로 높은 것은 자신의 부(副)에고로서 주 에고 다음으로 많이 나타납니다. 바로 이러한 에고가 사물을 있는 그대로 보지 못하게 하고-5개의 에고를 5개의 색깔이 다른 '선글라스' 라고 가정해 볼 수 있음-에고 나름의 해석으로 사물을 왜곡시키는 기능을 하게 됩니다.

5개의 에고 특성은 다음과 같습니다. 자신의 에고가 어디에 해당되는지 검토해 보십시오. 각 에고의 특성은 절대적이라기보다는 그러한 경향성이 강하다는 점에 유의해야 합니다.

➺**부성적 에고**(FP; Father Parent Ego)

부성적 에고는 성장과정에서 나를 키워준 양육자(養育者)의 부성적 특성으로부터 영향을 받아 형성된 자아상태입니다. 그러나 단지 아버지의 영향으로만 단정 지어서는 절대 안 됩니다. 부성적 에고의 특성은 보수적, 권위적, 비판적, 규범적, 도덕적 등의 언행으로 나타납니다. '세상은 양심적으로 바르게 살아야 하고, 규범적인 생활을 해야 한다' 는 관념이 강하기 때문에, 이에 반하는 현실에 대해 분개하기 쉽고, 다른 사람에 비해서 상대적으로 많은 스트레스를 받을 수 있습니다.

➻모성적 에고(MP; Mother Parent Ego)

모성적 에고는 성장과정에서 나를 키워준 양육자의 모성적 특성으로부터 영향을 받아 형성된 자아상태입니다. 그러나 단지 어머니의 영향으로만 단정 지어서는 절대 안 됩니다. 모성적 에고의 특성은 보호적, 지지적, 지원적, 동정적, 배려적 등의 언행으로 나타납니다. '사람들에게는 사랑과 배려로서 대해야 한다.' 는 관념이 강하게 때문에, 이에 반하는 현실에 대해 괴로워하기 쉽고, 다른 사람에 비해서 상대적으로 많은 스트레스를 받을 수 있습니다.

➻성인적 에고(A; Adult Ego)

성인적 에고는 사물을 분별하고 판단하고 선택하고 결정하는 과정에서 형성된 자아상태로서, 특히 이분법적 사고-흑백논리-에 길들여져 있습니다. 특히 학식이 많을수록 성인적 에고가 강하게 나타나게 됩니다. 성인적 에고의 특성은 논리적, 합리적, 객관적, 이성적, 평가적 등의 언행으로 나타납니다. '세상을 바르게 살아가려면 사물을 항상 이성적이고 합리적으로 판단해야 한다.' 는 관념이 강하게 때문에, 이에 반하는 현실에 대해 분노하고 다른 사람에 비해서 상대적으로 많은 스트레스를 받을 수 있습니다.

↠자유 분망한 어린아이적 에고(FC; Free Child Ego)

자유 분망한 어린아이적 에고는 양육자의 영향력이 최소한에 그치고, 타고난 자연스러운 모습에 가까운 형태로 형성된 자아상태입니다. 본 에고의 특성은 본능적, 적극적, 반항적, 직관적, 창조적 등의 언행으로 나타납니다. '사람은 항상 즐겁게 살아야 하고, 하고 싶은 대로 하면서 자유로워야 한다.' 는 관념이 강하게 때문에, 이에 반하는 현실에 대해 의기소침해 지고, 다른 사람에 비해서 상대적으로 많은 스트레스를 받게 됩니다.

↠순응하는 어린아이적 에고(AC; Adapted Child Ego)

순응하는 어린아이적 에고는 어린이가 성장하는 과정에서 양육자의 억압, 간섭, 규범 등의 영향을 강하게 받아 자신을 한정지우며 형성된 자아상태입니다. 본 에고의 특성은 순응적, 소극적, 고립적, 억압적, 비대결적 등의 언행으로 나타납니다. '사람은 항상 바르고 착하며 겸손해야 한다.'는 관념이 강하게 때문에, 이에 반하는 현실에 대해 힘들어하고 다른 사람에 비해서 상대적으로 많은 스트레스를 받을 수 있습니다.

이와 같이 에고는 각 특성을 가지고 있습니다. 그래서 사람들이 어떤 특정한 언행을 많이 하다보면, 그러한 언행을 보고 어떤 에고를 가지고 있다고 판단하게 됩니다. 그렇다고 다른 에고가 없다는 것은 아닙니다. 항상 잠재해 있습니다. 다만 주 에고에 비해 많이 나타나지 않을 뿐입니다. 그러나 어떤 상황에 부딪치면 강력한 힘으로 모습을 드러냅니다. 인간의 본질은 모든 에고를 포용하고 있습니다. 마치 파도를 포용하고 있는 바다와 같이 말입니다. 따라서 우리들은 한쪽으로 고착되어 있는 에고를 정화하여, 인간의 본질과 본심을 되찾아 에고를 상황에 따라 마음대로 사용하면서 자유분방한 삶을 살아가야 할 것입니다.

에고의 특성

부성적	모성적	성인적	자유분망적	순응적
보수적	보호적	논리적	본능적	순응적
권위적	지지적	합리적	적극적	소극적
비판적	지원적	객관적	반항적	고립적
규범적	동정적	이성적	직관적	억압적
도덕적	배려적	평가적	창조적	비 대결적

에고는 어떻게 작동하는가?

에고의 작동 원리는 첫째, 이런 것과 저런 것을 이분법으로 구분 짓는다는 사실입니다. 예를 들면, 남자와 여자를 구분 하고, 선과 악을 나눕니다. 둘째, 구분 지은 것은 우열(優劣)을 따집니다. 예를 들면 '남자는 여자보다 우월하고, 여자는 남자보다 열등하다.' '선은 좋은 것이라 권장되어야 하고, 악은 나쁜 것이라 타도되어야 한다.' 라는 것입니다. 이처럼 에고의 기본적 작동 원리는 사물이나 현상을 구분지우는 '분별심' 입니다. 따라서 그 무엇을 기준으로 하는 분별심이든 간에, 우리들이 분별심을 가지고 있는 한, 우리는 에고를 넘어서지 못한 것입니다. 아무리 현실적으로 남보다 많은 것을 성취했다고 하더라도 '나는 다른 사람보다 특별한 사람이다.' '나는 이런 점에서 일반사람과 다르다.' '나는 다른 사람들보다 정직한 사람이다.' 라는 분별심이 있다면, 이러한 사람들은 에고를 넘어서지 못한 것입니다. 분별심은 삶의 과정에서 필요한 것이기는 하지만, 결국은 우리로 하여금 번뇌, 스트레스 속에 살아가게 합니다. 그렇다면 그러한 번뇌, 스트레스로부터 벗어나려면 어떻게 해야 할까요? 답은 자명합니다. 그것은 에고의 정체를 이해하고, 이로부터 벗어나야 가능한 것입니다.

에고를 정화하자

에고를 정화한다는 것은 '얼음을 녹이는 것'과 같이, 고착된 관념으로 인하여 굳어 있는 마음, 즉 에고적 관념을 풀어내는 것입니다. 에고는 평생을 통해 강화되어 왔습니다. 에고는 여러 관념들을 움켜쥐고 쌓아왔기 때문에 단번에 정화시키기는 불가능합니다. 에고의 정화는 매사의 삶 속에서 무리하지 않고 지속적인 관심과 실천을 통해서 가능하리라고 봅니다. 고착관념과 에고는 서로 상호관계에 있기 때문에, 고착관념이 풀어지면 에고가 풀어지게 됩니다. 그리고 에고가 우리들의 삶을 힘들게 하고 평안함을 가져오지 못하게 하며 고통과 스트레스를 유발한다는 사실을 확신한다면 지금부터라도 에고 정화에 관심을 가질 필요가 있는 것입니다.

스트레스를 해결하기 위해서는 인간의 행동을 좌지우지하는 무의식속의 에고를 정화해야 합니다. 바로 이 에고가 사물을 올바로 바라보지 못하게 하고, 스트레스를 일으키며 평생을 힘들게 하는 주범인 것입니다. 에고를 정화하기 위해서 먼저 해야 할 일은 '몸 움직임'(이하 마음운동이라 칭함)을 통해 몸에 정체되어 있는 기운을 비워내고, 동시에 '주의집중력'을 강화하여 마음을 제어하는 힘을 길러야 합니다. 그리고 자기성찰을 통해 무의식에 잠재해 있는 고착화된 에고적 관념을 녹여내야 합니다. 한마디로 말해서 심신의 정화를 통해 스트레스의 근본 원인인 에고를 자연스럽게 정화하는 것입니다.

여기서 유념해야할 점은 에고의 정화를 통해 자신이 평생 쌓아 왔던 관념이 소멸되는 것이 아니라, 관념은 그대로 나두고 '관념에 집착해 왔던 나'가 관념에서 벗어나 자유로워지는 상태를 의미하는 것입니다. 그것은 우리가 관념 속에서 살아가되 관념에 휘둘리지 않는 상태를 말합니다. 예를 들어 '은혜를 입었으면 반드시 은혜를 갚아야 하는 것이 인간의 도리다.'라는 관념에 집착할 경우, 은혜를 입은 사람으로부터 상응하는 반대급부가 오지 않으면, 그를 "배은망덕한 사람이다." "은혜를 모르는 사람이다." "도와주어보았자, 다 소용없어!" 라고 비난하고, 에고적 관념에 휩싸여서 자신을 힘들게 할 수도 있습니다. 그러나 현실은 내 뜻과 다르게 전개될 수 있다는 유연한 생각과 상대방에 대한 깊은 이해로 집착된 관념에서 벗어날 때 우리의 마음은 자유로워 질 수 있습니다. 이때 중요한 것은 부모, 학교, 사회로부터 배운 교육적 관념을 결코 부정하는 것이 아닙니다. 그러한 관념에 집착함으로써 자신을 힘들게 하고 있다는 사실을 자각하는 일입니다. 그리고 에고적 관념을 이해하고 풀어낼 수 있는 계기를 갖는 것입니다.

05 활력 있게 움직이고 차분하게 생각하라

몸과 마음은 어떻게 정화 되는가?

우리들은 자신이 바람직하지 못하다고 생각되는 사고방식, 태도, 행동 등을 바꿔 보려고 마음을 먹습니다. 그리고는 신년(新年)이 되면 "금년에는 반드시 변해야지!" 라고 하며 마음을 굳게 먹고 노력을 합니다. 그러나 자신이 뜻한 바대로 몸과 마음이 따라주지 않습니다. 작심삼일(作心三日)로 끝나게 됩니다. 또한 자신의 사고방식, 태도, 행동 등이 얼마간 변화된 듯하지만, 지속적으로 나아가지 못하고 원래의 모습으로 되돌아가는 경험을 하였을 것입니다. 결국 변화해 보려고 노력하였지만 뜻대로 되지 않는 자신에 대해 불만을 갖게 되고 "나는 왜 이럴까?" 하면서 짜증이 나고, 심하면 화가 치밀어 올랐을 것입니다.

의식의 밑바닥에 있는 무의식은 밤낮을 가리지 않고 우리들의 의식에 작용합니다. 이 무의식 속에서 "나는 어떠한 존재이다." "나는 무엇이 되겠다." "세상은 이래야만 돼" 라는 등의 고정관념과 선입견(先入見)이 일종의 에너지형태로 내재하고 있으며, 끊임없이 의식을 향하여 활동하고 있습니다. 따라서 의식인 '표면의 마음'은 스스로 자유롭지 못하고 무의식에 의해 방해받고 있습니다.

의식은 의식 이전의 마음인 무의식의 영향에 따라 그 활동이 정해지기 때문에, 언제 무엇을 어떻게 생각해야 하는가의 문제는 자신의 의지로는 자유롭게 되지 않습니다. 선한 일을 생각하거나 악한 생각이 떠오르는 것 모두가 무의식의 경향성을 따르는 것에 불과합니다. 무의식은 우리의 고정관념, 잡다한 기억, 갖가지 욕구불만, 억압된 감정 등이 '응고된 덩어리'입니다. 이 응고된 덩어리들이 하나의 에너지로서 사물에 대한 집착이나 자기중심적인 사고방식을 지속시킵니다. 그리하여 그것이 끊임없이 의식에 작용하면서 우리를 괴롭히고 있는 것입니다. 따라서 자신의 사고방식, 태도, 행동을 바꾸려고 의식차원에서 아무리 애를 써도 무의식에서 변화되지 않는 한 공염불(空念佛)이 됩니다. 그렇다면 어떻게 해야 할까요? 바로 무의식에 응고된 에너지를 정화시켜야 합니다.

그러면 응고된 에너지를 정화시키기 위한 방법으로 심신정화 원리에 대해 살펴보도록 하겠습니다. 뇌 생리학 연구에 의하면 대뇌피질은 의식의 자리이고, 무의식은 대뇌변연계(大腦邊緣系)를 중심으로 하여 대뇌피질. 중뇌, 간뇌까지 광범위하게 걸쳐 있으면서 그 중추(中樞)가 밀접히 연결되어있다고 합니다. 사람들이 "저렇게 해서는 안 된다, 이렇게 해야 한다." 라고 생각하면서도 그것이 행동화 되지 않는 것은 무의식에서 발생하는 운동사고, 즉 습관화된 방향으로 행동하려는 경향성 때문이라고 합니다.

따라서 본서에서 소개하고자 하는 심신정화 방법인 '마음운동'은 몸의 중심인 단전을 충실히 하면서 몸에 쌓인 탁한 기운을 비워 내어 몸을 정화시키기 위한 행법(行法)입니다. 그리고 '마음운동'은 동적(動的)인 몸의 움직임을 통해 주의집중력을 키우는 행법이기도 합니다. 반면에 '자기성찰법'은 자신의 마음속에 딱

딱하게 응고된 에너지인 고정관념을 정화시키는 방법입니다. 마음은 몸에 영향을 주고 몸은 마음에 영향을 주기 때문에, 마음운동과 자기성찰법은 서로 상호작용을 하게 됩니다. 따라서 마음운동은 몸에 쌓인 응어리를 비워내면서, 동시에 마음에 쌓인 응어리인 고정관념을 풀어내게 합니다. 또한 자기성찰법은 평생 쌓아온 고정관념을 녹이고 마음을 정화시키면서, 기운이 원활하게 순환하도록 하여 몸을 활력 있게 합니다. 그러면 먼저 마음운동에 대해 상세히 검토해 보도록 하겠습니다.

마음운동이란 무엇인가?

마음운동은 자기 스스로 몸과 마음을 정화시키는 운동입니다. 우리들이 평소에 하는 일반적인 운동은 대체로 근력(筋力)을 사용하여 힘을 들이는 운동으로서, 에너지를 발산시키고 근육이나 관절을 연마하는 데에는 효과가 있습니다, 그러나 사람의 몸과 마음을 정화시켜 휴식하는 데에는 효과가 크지 않습니다. 마음운동은 몸과 마음에 쌓인 탁한 기운인 정체된 응어리를 외부로 발산시켜서 몸과 마음을 정화하고 건강하게 합니다.

마음운동은 여러 가지 독특한 행법으로 구성되어 있습니다. 각각의 행법을 지속적으로 실행하게 되면 실행자의 주의집중력을 향상시켜 항상 가만히 있지 못하는 마음을 제어하는데 많은 도움을 줍니다. 마음운동은 크게 소리내기, 춤추기, 노래하기, 호흡하기 등과 같이 소리를 내어 활력을 돋우는 행법과 관절, 단전, 몸을 사용하여 활력을 돋우는 행법으로 크게 구분됩니다.

우리는 마음운동을 통해 자기 자신을 100% 활성화시킴으로써 자신의 삶을 충실히 누리며 몸과 마음을 창조적으로 쓰는 방법을 터득하게 될 것입니다. 이것은 인간의 본심을 개화하도록 세밀하게 배려된 동작들을 통해 부조화된 몸과 마음의 기운을 즉각 비워내어, 창조적인 기운을 적극적으로 이끌어 낼 수 있도록 합니다. 그리고 마음운동은 우리들이 자신감과 적극적인 자아상

(自我像)을 갖게 함으로써 창조적이고 활력이 넘치는 인간을 만들어 줍니다.

본 마음운동은 필자의 정신적 스승인 묵담(默潭)선생께서 생전에 창안하신 행법입니다. 사람들이 직접 본 행법을 실천함으로써 사고 변혁을 가져 올수 있도록 섬세하게 창안되었습니다. 선생께서 타계 직전 수제자이신 심덕(心德)선생에게 전수한 것을 필자가 IMF당시 심덕선생으로 전수받아 10년간 직접 실천하여 큰 도움을 받은 행법입니다. 본서를 집필하면서 심덕선생의 허락을 받아 삶의 고통 내지 스트레스로 인해 힘들어하는 많은 사람들을 위해 소중하고 귀한 본 행법을 일부 소개하는 바입니다.

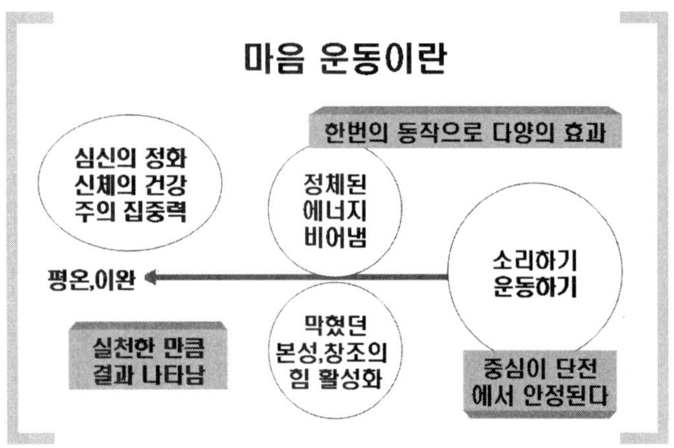

온 몸으로 소리를 내라

대부분의 사람들은 어려서부터 올바르게 살아야 한다는 명분하에서, “이것은 옳은 것이다.” “저것은 하지 말라.” “반드시 이렇게 해야 돼” 등 헤아릴 수 없을 정도로, 여러 규범(規範)에 의해 제한 당하고 억압받으며 성장해 왔습니다. 이로 인해 자기 본심의 소리가 억압되고 자연히 부모, 학교, 사회가 요구하는 소리에 익숙해지고 길들여져 온 것이 사실입니다. 우리들은 소리내기를 통해 평생토록 쌓아온 그리고 몸과 마음에 응어리져 있는 고착된 관념과 감정을 비워내어 본심의 소리를 찾아야 합니다.

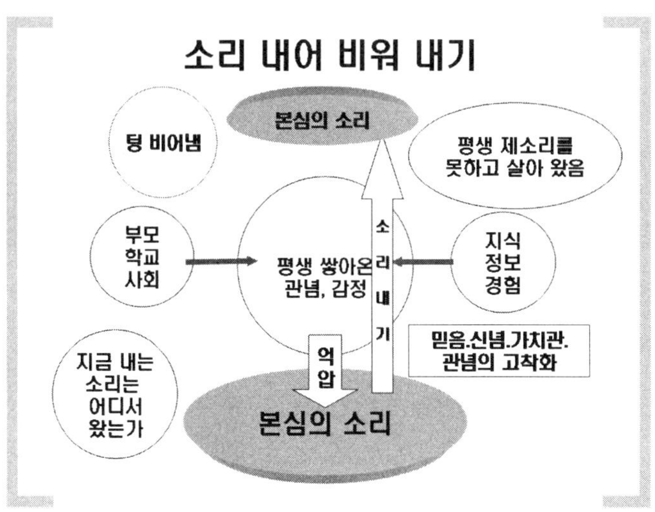

여기서 우리가 유념해야 할 점은 부모, 학교, 사회로부터 교육받은 것을 부정하려는 것이 아닙니다. 지금까지 쌓아온 자신의 관념은 그대로 살리면서, 자신의 관념이 지나치게 굳어져있는지를 확인하는 것입니다. 그리고 그 굳어있는 관념이 사물을 제대로 보지 못하게 하고 삶의 과정에서 왜곡되게 작동한다는 사실을 자각하는 것입니다.

우리는 평생 쌓아온 억압으로 인해 자기 소리를 제대로 표현하지 못하고 살아왔습니다. 또한 자기 스스로 자신을 한계 지으며 많은 스트레스를 받았습니다. 따라서 우리는 억압된 관념과 감정을 해소하고 평생 쌓아왔던 마음의 무거움을 털어내어 몸과 마음을 정화시키는 것이 중요합니다. 이러한 작업은 장기간에 걸쳐 지속적인 소리내기의 실천을 통해서 가능합니다.

사람은 소리에 의해서도 심신구조에 대단한 변화를 가져올 수 있습니다. 일정한 진동을 주는 것만으로 돌이 부서지는 것과 같이, 마음에 정체된 응어리가 있을 때 소리를 지르면 후련하게 느껴지는 현상도 이와 같은 것입니다. 즉 진동을 통해 마음의 찌꺼기가 부서지기 때문입니다. 인간의 몸 또한 돌과 같이 입자의 집합체에 지나지 않기 때문에 소리 진동에 의해 반응이 일어납니다, 예를 들어 몸이 긴장해 있을 때, 소리를 내면서 기지개를 켜면 소리를 내지 않고 하는 것보다 더 시원하고 상쾌해 짐을 느끼게 됩니다.

'아~ 오~' 와 같이 의미를 지니지 않은 단순한 소리는 에너지의 진동입니다. 아무런 의미도 생각하지 말고 단순히 소리를 내

보십시오. 왜냐하면 의미는 머릿속에 있게 되고, 소리는 온몸으로 펴져 나가게 때문입니다. 우리가 소리를 크게 바깥으로 내뿜으면 그 소리를 통해 자신의 몸이 진동하게 되며 깊은 조화 속에서 몸이 가벼워짐을 느끼게 됩니다. 몸의 각 세포들은 활기차게 되고 섬세한 진동으로 각 세포들은 깨어나게 되며 몸은 예민해집니다. 귀를 통해 들어오는 소리는 가슴까지 이르지 못하지만 내부에서 생기는 소리의 진동은 몸을 구성하는 하나하나의 세포와 그 원자에 까지 이르게 됩니다. 소리를 낼 때에는 단전(배꼽 10cm 아래 쪽) 깊은 곳에서부터 자연스럽게 소리가 목을 통해 흘러나오도록 해야 합니다.

↠아~ 이~ 우~ 에~ 오~

차례대로 각 모음의 입 모양을 정확히 하여 단전에서부터 숨을 끌어올려 보십시오. 목은 소리가 나가는 '통로'로 삼고 숨이 다할 때까지 소리를 내 보십시오. 처음에는 목을 사용하여 소리를 내기 때문에 목이 쉴 수도 있습니다. 소리가 끝나는 마지막 순간에는 온 몸에 힘이 들어가서 다리에 기운이 모이게 됩니다. 이때 항문이 조여 질 때까지 소리를 내 보십시오. 우리가 누군가에게 하고 싶은 말들을 다하지 못했을 때 사념(思念)으로 가득 차게 되며 몸과 마음을 흩트려 놓습니다. 소리내기는 우리 속에 있는 폭력의 소리들을 순화시켜 사랑의 소리로 승화시킵니다. 그리고 그것은 쌓여 있던 관념의 응어리를 정화시켜주어 스트레스에서 벗어나게 합니다. 소리로 온 몸의 내부에 길을 터서 심신의 건강과 기운의 활성화를 도와줍니다.

나오는 대로 노래를 불러라

여러분들은 T.V를 시청하다가 자신이 좋아하지 않는 노래가 나오면 채널을 바꾸지는 않습니까? 버스를 타고 가다가 자신이 좋아하지 않는 음악이 나오면 거부감이 일어나지는 않습니까? 이러한 현상은 '이 노래는 내 취향에 맞고, 저 노래는 내 취향에 맞지 않는다는 관념'이 작동되기 때문입니다. 이와 같은 음악에 대한 자신의 습성은 다른 행동에서도 동일하게 적용됩니다. 따라서 우리는 노래를 통해 한 쪽에 치우치는 편향적인 사고를 변화시킬 수 있고, 응어리진 고착관념을 풀 수 있습니다. 그리고 몸에 정체된 기운을 순화시켜 심신이 가벼워지게 할 수 있습니다.

여러분들은 노래를 부를 때 어떤 기분으로 노래를 부릅니까? 대부분 기분을 내어 잘 부르려고 노력할 것입니다. 그러나 본 노래 부르기에서는 그러한 마음을 갖는 것을 불식(拂拭)시켜드립니다. 기존의 노래 부르기와는 전혀 다릅니다. 그러면 노래하기 요령에 대해서 알아보도록 하겠습니다. 첫 번째는, 자신이 가장 좋아하는 노래를 하나 선정하여 시간이 나는 대로 부릅니다. 두 번째는, 자기감정과 느낌을 빼고 자연스럽게 부릅니다. 세 번째는, 노래의 분위기에 빠지지 말고 자신이 중심이 되어 부릅니다. 네 번째는, 의지를 가지고 잘 부르려고 하지 말고, 온몸으로 소리가 나오는 대로 박자에 신경을 쓰지 말고 큰 소리로 부릅니다. 이와 같은 요령으로 우리가 지속적으로 노래하기를 실천한다면 어떤 노래 소리에도 분별, 판단하지 않고 소리가 들리는 대로 받아들이게 됩니다. 더 나아가 이러한 힘은 우리가 직면하는 어떤 상황에서도 그 상황에 맞게 적절히 대응할 수 있게 해 줍니다. 그리고 노래를 통해 지금까지 억압 되었던 관념과 감정을 풀어내면서 몸과 마음에 쌓인 긴장감과 스트레스를 순화시키고, 본래(本來)적인 사랑의 힘이 나오게 됩니다. 노래를 부르기 위해 일부러 시간을 내면서 돈을 써가면서 노래방에 갈 필요는 없습니다. 집에서 돈 안들이고 오디오를 작동시켜, 자신이 선택한 노래를 지속적으로 부르면 됩니다.

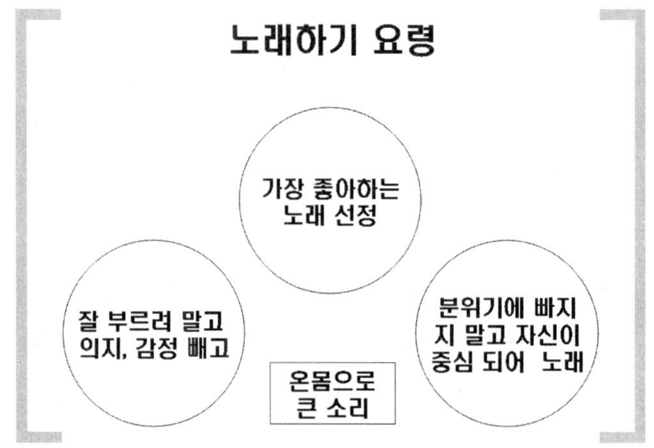

육 박자로 춤을 추라

여러분들은 춤추는 것에 대하여 어떻게 생각하십니까? 과거에는 남녀가 함께 춤을 추는 사실에 대하여 사회가 금기시하였기 때문에, 비밀 댄스교습소를 차려 놓고 남 몰래 춤을 추다가 적발되어 기사화되고 망신을 당했던 적이 있었습니다. 그러나 최근에는 춤에 대한 관심이 매우 높아지고 있습니다. 남녀노소(男女老少)할 것 없이 많은 사람들이 스포츠댄스라는 이름 하에 건강은 물론 취미활동으로서 춤을 즐기게 되었습니다.

춤은 몸에서 순환하는 기운이 정체되지 않고 자연스럽게 흐르게 하여 심신을 활기차게 합니다. 그리고 춤은 스트레스를 삶의 활력으로 변화시킵니다. 여러분들이 춤을 출 때에는 춤 안으로 녹아들어가 춤과 하나가 되어야 합니다. 춤의 흐름에 자신을 믿고 내맡겨야 합니다. 내맡김은 행위가 아니라 자연스럽게 일어나는 흐름입니다. 자연스러운 기운이 스스로 움직이도록 몸을 내맡기는 것입니다. 사람들은 특별한 취미가 아니면 춤을 쉽게 출 수 없습니다. 또한 춤을 추려면 시간을 별도로 내야하고 돈이 들어가게 됩니다. 따라서 여러분들이 조금한 관심만 가진다면 돈을 들이지 않고 집에서 부담 없이 쉽게 배울 수 있도록 춤추는 방법(일명 육박자 춤)을 안내해 드리도록 하겠습니다.

두 발을 모은 상태에서 '하나'에서 오른발을 오른쪽으로 옮겨 놓고, 둘에서 왼발을 오른쪽 옆으로 옮겨 놓고, 셋에서 오른발을 약간 뒤쪽으로 옮겨 놓고, 넷에서 왼발을 오른발 옆으로 옮겨 놓고, 다섯에서 오른발을 처음 상태로 옮겨 놓고, 여섯에서 왼발을 오른발 옆으로 옮겨 놓습니다. 왼발부터 시작해서 오른발이 따라가는 식으로 해도 됩니다. 이러한 과정을 경쾌한 음악에 맞추어 반복합니다. 동일한 방향으로만 하면 단조로울 수 있기 때문에, 오른발이든 왼발이든 '좌·우·앞·뒤' 어느 쪽으로든지 마음이 가는 대로 하면 됩니다. 마지막에는 처음 시작할 때의 자리로 돌아와 있으면 됩니다. 어느 정도 스텝 밟기가 숙달되면 리듬에 맞추어 양 손을 올리고 즐겁게 몸 동작을 취하면서 춤을 추면됩니다.

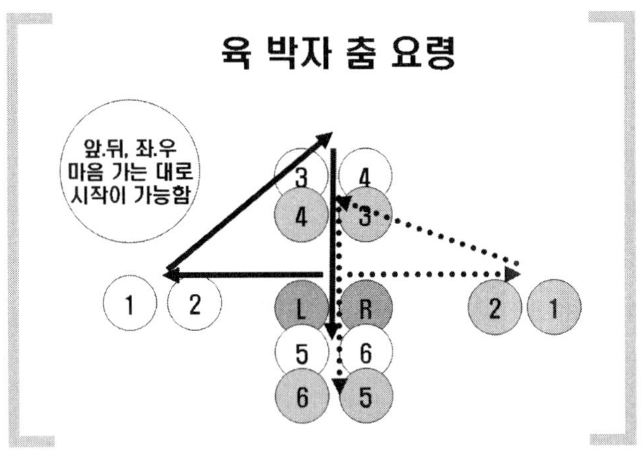

춤추기는 온몸에 활기찬 리듬이 흐르게 하여 자기 속의 가장 멋진 기운을 안팎으로 되찾게 해 줍니다. 또한 춤은 어색함이라는 옷을 벗고, 상황이나 남의 판단에 흔들리지 않는 내면의 힘을 강화시켜 줍니다. 그것은 스스로 자기 속의 스트레스를 변형시켜 삶의 활력으로 바꾸어 줍니다. 그리고 자기의 기운이 정체되지 않게 하고 살아있는 힘으로 바꾸어 잘 흐르도록 해 줍니다.

코와 입으로 호흡하라

인간은 호흡을 하고 있을 때 마음이 존재하게 됩니다. 만약 호흡이 끊어지면 마음 역시 정지하게 됩니다. 호흡과 마음은 상호 관계에 있습니다. 물속에 코를 막고 머리를 밀어 넣어보십시오. 여러분들은 호흡을 할 수 없기 때문에 아무 생각도 할 수 없게 되고 마음이 정지하게 됩니다. 이와 같이 마음이 산란할 때 호흡을 통해 마음을 제어할 수 있습니다. 따라서 우리들은 호흡하기를 응용하여 마음을 평온하게 할 수 있는 것입니다. 그러면 호흡하는 요령에 대해서 알아보도록 하겠습니다.

처음에는 편안하게 앉아있을 수 있는 자세를 취합니다. 등과 목은 꼿꼿하게 세우고, 눈을 감고 호흡은 평상시대로 합니다. 앉아있는 동안 일차적인 목적은 코로 숨이 들어가고 나가는 호흡을 주시하는 것입니다. 호흡을 주시하고 있는 동안에 많은 생각들이 오고갈 것입니다. 이때 오가는 생각을 거부하지 말아야 합니다. 다시 호흡을 주시할 수 있을 때까지 그냥 내버려 두어야 합니다. 사념, 감정, 판단, 몸의 감각, 외부세계에 대한 인상 등이 떠오르면 그것을 거부하거나 이에 휩쓸리지 말고 그냥 내버려 두어야 합니다. 어떤 경우이든 호흡 주시로 되돌아가는 것이 중요합니다. 이러한 호흡은 우리가 잠깐 일 손을 놓고 의자에 앉아서 마음을 이완시키는데 도움이 됩니다.

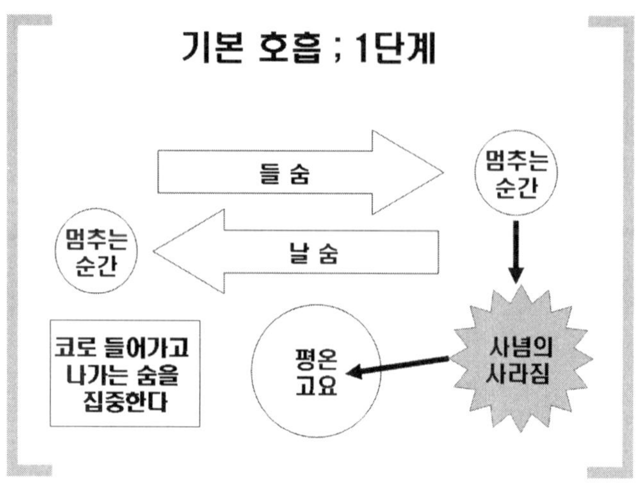

다음에는 코로 숨을 들이마시면서 '흠'소리를 냅니다. 그리고 입으로 '파'소리를 내면서 숨을 품어냅니다. 이러한 동작을 숨이 찰 때까지 행합니다. 숨이 들어왔다가 나오는 '순간'과 숨이 나갔다가 들어오는 '순간'에 미세한 정지상태가 있게 됩니다. 호흡을 통한 정지 상태를 반복하면 마음이 평온해 지게 됩니다.

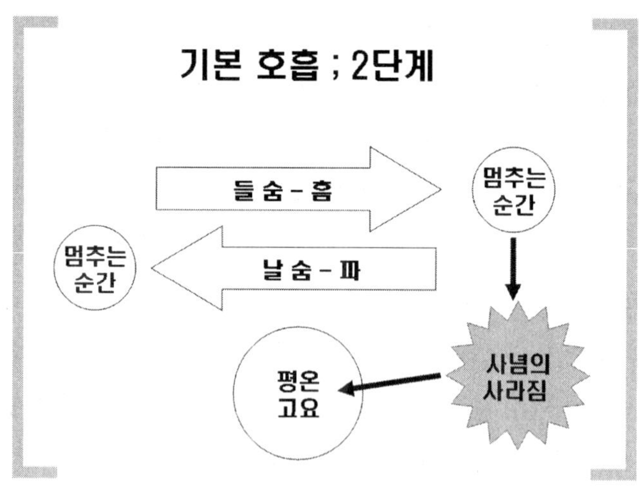

끝으로 '흠'동작에서는 코로 숨을 깊이 들이쉬고 어깨의 힘을 빼며, 양팔을 몸의 옆선을 따라 최대한 치켜 올립니다. 이때 발뒤꿈치도 함께 위로 올립니다. '파'동작에서는 온몸을 밑으로 내리꽂듯 발뒤꿈치와 양손을 빠르게 내리고, 들이마신 숨을 '파'소리와 함께 내뱉습니다. 같은 요령으로 10번 이상 반복하면 됩니다.

우리는 외부로부터의 각종 지식과 정보, 삶으로부터의 불안과 고통 등이 들어온 만큼 자신의 것으로 승화시키지 못하고 있습니다. 따라서 이것들은 한쪽으로 편중된 체 정체되어 있습니다. 그러므로 들어온 만큼 충분히 나가도록 하는 '흠파'호흡을 통해 심신의 조화를 이루어야 합니다. 숨을 들이 쉴 때에는 배가 들어가고, 내쉴 때에는 배가 나오는 호흡법으로 자연스럽게 복식호흡을 유도합니다. 이와 같은 호흡하기는 직장인들의 스트레스 증상들을 해소하고 어깨의 무거움을 털어 내어, 스트레스로 쌓인 나쁜 기운과 마음의 무거움을 해소하는 정화작용을 하는 것입니다.

여러 가지 행법(行法)을 실천하라

다음에 설명하는 여러 행법들은 몸과 마음에 정체된 기운을 비워내고, 내재되어 있는 창조적인 힘을 활성화하는데 도움을 줍니다. 그리고 이러한 행법들은 몸과 마음을 건강하게 하고, 몸의 중심이 단전에서 안정되게 자리를 잡게 함으로써 몸과 마음을 편안하게 합니다. 또한 이 행법은 인간의 의식이 항상 깨어있게 하고, 사물에 대한 주의 집중력을 강화 시키며, 일상에서 부딪치는 상황에 대한 대응력을 증대시킵니다. (다음에 설명할 자기성찰법에서 자각하기, 이해하기를 하는데 도움이 됨) 이 행법을 실천한 만큼 비례하여 좋은 효과를 보게 됩니다.

여러분들이 본 행법을 행할 때 유의해야 할 점은 다음과 같습니다. 첫 번째는 시야(視野)를 항상 전방 15도에 초점을 맞추고, 두 번째는 즐거운 마음으로 동작하되 정성을 다하며, 세 번째는 항상 탄성(彈性)과 반동(反動)을 이용하는 것입니다. 특히 동작을 취할 때에는 반드시 몸의 움직임 내지 동작 부위의 느낌(아픔, 뻐근함, 감촉 등)에 의식을 두고 집중하면서 행합니다. 이렇게 행하는 이유는 본 행법이 의식의 주의집중력을 강화시켜주고 의식이 깨어있게 하기 때문입니다. 그리고 주의집중력이 강화됨으로써 자기성찰법에서 자각하기와 이해하기를 하는데 도움을 주기 때문입니다.

↠관절 돌리기 ; 발목, 무릎, 허리, 어깨, 목, 손목 돌리기

먼저 발목 관절을 천천히 돌리다가 충분히 풀어진 다음 반대 방향으로 돌립니다. 그런 다음 무릎, 허리, 어깨, 목, 손목 순으로 같은 방법으로 진행합니다. 관절을 돌리는 회수는 한 방향에 10회 이상 행합니다. 목 돌리기를 할 때에는 반드시 눈을 뜨고 해야 합니다. 그리고 관절을 돌리면서 관절 부위에 느낌을 갖는 것이 중요합니다. 이러한 느낌을 통해 의식이 깨어있게 되고 주의집중이 강화됩니다. 대부분의 사람들은 어떤 운동 내지 동작을 취할 때 무의식적으로 동작만을 행합니다. 이것은 단순한 움직임일 뿐입니다. 마음운동은 철저하게 의식적으로 느낌을 가지고 행하는 것입니다. 여기에 행법의 '묘(妙)'가 있는 것입니다. 따라서 다음에 설명할 다른 행법에도 그대로 적용됨을 유념하면서 실연(實演)해 주기를 바랍니다.

관절을 충분히 풀지 않고는 몸, 마음의 긴장과 경직됨이 해소되지 않기 때문에 오장육부와 가슴에 정체된 기운이 우리의 몸이나 마음에 탁기를 만들어 냅니다. 그러므로 모든 관절을 충분히 돌려서 풀어주어야 합니다. 이때 오장육부와 가슴에 정체된 기운이 풀어지게 되어, 몸과 마음의 조화가 이루어지게 됩니다.

↠관절 털기 ; 손목, 발목, 목 털기

손목 털기는 양손의 힘을 빼고 동시에 상하로 온몸에 진동이 느껴질 때까지 흔듭니다. 발목 털기는 한 쪽 다리를 들어 발에 힘을 빼고 흔들어 줍니다. 양발을 번갈아가며 행합니다. 목 털기는 얼굴에 힘을 빼고 목을 강하게 좌우로 흔들어 줍니다. 한 번의 동작에 10번 이상 털어 줍니다. 그리고 관절 부위에 느낌을 갖는 것이 중요합니다.

우리 몸의 말단 관절을 충분히 그리고 격렬하게 흔들어 주는 이 행법은 삶 속에 쌓여있던 몸과 마음의 긴장을 털어내고, 우리 내면의 깊은 곳에 있는 긴장까지 털어 내는 행법입니다.

↣바람 운동

바람 운동은 양팔을 반쯤 구부려 올린 상태에서, 허리를 뒤로 제꼈다가 허리 관절을 이용하여 앞으로 구부립니다. 이때 양팔의 모양은 그대로 두고 따라갑니다. 동작을 할 때 귓가에 바람소리가 들리도록 빠르게 행합니다. 그리고 단전에 느낌을 갖고 행하는 것이 중요합니다.

단전을 자연스럽게 움직임으로써, 머리와 가슴에 정체되어 있던 탁한 기운이 밖으로 빠지게 하여 두뇌의 상기현상과 무거움을 가볍게 해 줍니다.

➻ 보법

보법은 양발을 45도 벌리고(뒤꿈치는 붙임) 오른발을 들어 무릎을 굽혔다가 앞쪽으로 무릎을 쭉 뻗어 전방을 행해 오른 쪽으로 원을 그린 후, 왼발의 엄지발가락에 원을 그린 오른발의 뒤꿈치가 오도록 내려놓습니다. 이때 발바닥이 땅바닥에 충분히 닿아 있음을 느낀 후 오른발에 중심을 이동합니다. 다음에는 왼발을 들어 동일한 요령으로 행하면 됩니다. 이와 같은 방법으로 앞으로 여섯 걸음을 옮깁니다. 뒤로 옮길 때에는 왼발을 뻗어 뒤쪽으로 원을 그리면서 오른발의 뒤꿈치에 왼발의 엄지발가락이 오도록 내려놓습니다. 양팔은 열중쉬어 자세를 취합니다. 정신이 흐트러져 있으면 균형이 잘 잡히지 않게 됩니다. 그리고 발바닥과

발의 움직임에 대하여 느낌을 갖고 행하는 것이 중요합니다.

이 행법은 인생을 살아감에 있어서 중심을 잡아 앞과 뒤로 가장 편하고 자유롭고 신중하고 정성스럽게 움직일 수 있는 힘을 길러줍니다. 또한 그것은 척추를 바르게 함과 동시에 유연성을 길러줍니다.

➻단전 두드리기

숨을 충분히 고른 후 기마 자세에서 숨을 멈추고, 양 주먹을 쥐고 하단전을 번갈아 가며 때립니다. 숨이 막힐 것 같은 순간까지 진행하고 나오는 거친 숨을 그대로 토해냅니다. 한번에 20회 정도 단전을 두드리면 됩니다. 그리고 단전의 아픔을 느끼면서 행하는 것이 중요합니다.

이와 같이 단전을 두드리는 동작은 우리 속의 수많은 폭력적 요소를 승화시키고 충만한 기운을 스스로 만들어 내며, 몸과 마음이 건강해 지도록 도와줍니다. 이 행법은 인생에서 참을 수 없는 그러나 참아 내야만 하는 고통이 오더라도 흔들림 없이 이겨내는 힘을 길러주며 어떤 순간에도 자기다운 기운을 갖게 됩니다.

↠반단전 두드리기

두 사람이 함께 하는 동작으로 먼저 때리는 사람과 맞는 사람을 정한 다음, 때리는 사람이 맞는 사람의 오른쪽 대각선 위치에 서서 상대방과 시선을 맞춥니다. 그리고 때리는 사람이 주먹을 쥐고 허리를 크게 움직여 오른쪽 상대방의 어깨와 팔꿈치 중간을 20회 정도 때립니다. 이때 때리는 사람은 주먹은 쥐되 손의 힘을 빼야 합니다. 같은 요령으로 왼쪽대각선으로 자리를 옮긴 다음 때립니다. 상대방과 역할을 바꾸어서 동일한 요령으로 행합니다. 맞을 때에는 아픔을 느끼면서 행하는 것이 중요합니다.

이 행법은 가슴의 기운이 살아나 진정 사랑함이 무엇인지를 알게 해 줍니다. 할까 말까 망설이는 마음을 제거하고 즉각 행할 수 있는 힘을 길러 줍니다. 그리고 가슴과 머리에 정체된 가운을 밖으로 흐르게 합니다. 직장에서 동료와 함께 할 수 있는 행법입니다.

➻제기차기

제기를 차듯이 안쪽으로 큰 동작을 하면서 양발을 번갈아 사용하여 올려 찹니다. 그런 다음 바깥쪽으로 제기 차는 모양으로 최대한 옆으로 올려 양발을 번갈아 사용합니다. 안 제기차기와 밖 제기차기를 각각 64개로 동일하게 행합니다. 안 제기차기를 마친 후 거친 숨이 나오면 그대로 뱉어내고, 평상시 호흡으로 돌아오면 바깥 제기차기를 합니다. 그리고 발을 올리고 내리는 동작에 느낌을 갖고 행하는 것이 중요합니다.

제기차기는 척추가 바로 서게 하고, 우리 몸에 바른 기운이 흐르도록 도와주어 몸과 마음을 조율해 줍니다.

➻끌고 가기

두 사람이 함께 하는 행법으로 미는 사람과 밀려가는 사람을 정하고 서로 5미터 정도 떨어져 선 다음, 상호간의 시선을 맞추면서 동시에 상대방을 향해 걸어갑니다. 상대방과 교차되는 순간 미는 사람이 오른팔을 들어 상대의 가슴을 손바닥으로 치고 초점이 있는 전방을 향해 밀고 나갑니다. 밀려가는 사람은 무리하게 저항하지 말고 뒤로 밀려나갑니다. 같은 동작을 교대로 수차례 행합니다. 그리고 역할을 바꾸어서 행합니다. 가슴을 밀고 나갈 때의 움직임에 느낌을 갖고 행하는 것이 중요합니다.

인생에 어떤 장애물이 다가왔을 때에도 나는 나의 목표를 잊지 않고 밀고 나아가, 내가 가야 할 길을 간다는 의미를 가지고 있습니다. 손바닥으로 가슴을 치는 동작은 가슴의 막힌 기운을 뚫어 주어 가슴을 텅 비게 해 줍니다. 직장에서 동료와 함께 할 수 있는 행법입니다.

위에서 설명한 여러 행법들은 심신의 건강과 심신에 쌓인 정체된 기운을 순화시켜주고, 특히 자기성찰법에서 자각과 이해하기를 용이하게 할 수 있도록 주의집중력을 길러줍니다. 주의집중력은 일반적으로 어느 한 지점을 바라보면서 체득할 수도 있겠지만, 본서에서는 그 이상의 의미를 넘어서 의식을 항상 깨어있게 함으로써 자연스럽게 주의집중력이 가능해 지도록 안내하고 있습니다.

우리는 왜 깨어있어야 하는가?

여러분들은 자동차 면허시험에 합격한 후, 처음으로 자동차를 운전하며 시내를 주행하던 시절이 있었을 것입니다. 이때 어떻게 운전을 했습니까? 매우 긴장하면서 운전했던 기억이 떠오를 것입니다. 물론 일부 독자들은 아직까지 운전면허를 따지 못한 경우도 있겠지만 말입니다. 여하튼 운전이 미숙한 초보시절에는 전방보기, 백미러보기, 기어 변속과 브레이크 밟기에 온 신경을 쓰면서 운전하게 됩니다. 신경이 다른 곳으로 가는 순간, 사고가 날 수도 있습니다. 이때에는 의식은 깨어있지만 그 힘은 약하고 자연스럽지 못합니다. 때문에 초보시절에는 운전을 조금만 해도 극도로 긴장하게 되고, 몸과 마음이 피곤해 지기 마련입니다. 그러나 운전 경력이 오래된 사람들은 전방보기, 백미러보기, 기어 변속과 브레이크 밟기를 할 때 일일이 신경을 쓰지 않고도 자연스럽게 하게 됩니다. 이는 한마디로 의식이 자연스럽게 깨어있기 때문에 가능한 것입니다. 따라서 능숙한 운전자는 운전한다는 의식 없이 즐기는 기분으로 주행하게 됩니다. 이처럼 깨어있는 힘이 커지게 되면 매사에 주의집중력이 커지고 자신이 하는 행동에 대해서 쉽게 알아차리게 되며 스스로 컨트롤하게 됩니다. 그러나 의식이 깨어있지 못하면 무의식적으로 행동하게 되고, 어떤 감정이 일어나면 그것을 알아차리지 못하고 그 감정 속에 빠지게 되어 자신을 컨트롤하지 못하게 됩니다. 그러므로 살아가면서 의식이 깨어있다는 것은 매우 중요한 것입니다.

‘깨어있음’-각성력(覺醒力)-은 무의식의 영향을 받지 않고, 의식이 현재 이 순간에 샛별과 같이 깨어있는 것입니다. 의식이 깨어있을 때에는 무의식적으로 언행을 하지 않게 됩니다. 항상 온전히 깨어있는 상태이기 때문에, 자기가 하는 모든 언행을 알고 있습니다. 그러나 대부분의 사람들은 깨어있지 못하기 때문에, 기계적으로 무의식적인 언행을 하기 쉽습니다. 깨어있는 상태에서는 자신의 행동, 사고, 감정이 명확히 보이기 때문에 자기 컨트롤을 민첩하고 철저하게 할 수 있습니다. 화, 두려움, 불안, 초조 등의 스트레스성 감정이 왔다가 사라지는 것을 주시하게 되고 이에 휩싸이지 않게 됩니다. 그리고 상대방의 행동, 사고, 감정이 명확히 보이기 때문에 상대방에 맞추어 적절히 대응할 수 있습니다.

‘깨어있음’은 머리로 이해해서 체득되어 지는 것이 결코 아닙니다. 처음에는 반드시 몸을 통해 체득해야 합니다. 마음운동을 통해 깨어있음이 체득되어 지고, 이에 익숙해지면 일상적 행동을 통해서도 확대 응용이 가능하게 됩니다. 이것에 대해서는 장(일상적 행동을 통해 나를 느껴라)을 달리하여 구체적으로 다양한 관점에서 검토할 것입니다.

자기성찰이란 무엇인가?

자기성찰이란 사전적 의미를 살펴보면 자기가 행한 언행에 대해 마음속으로 되돌아보고 살피는 것이라고 합니다. 그러나 우리는 더 나아가 자기성찰을 통해 자신의 잘못된 언행에 대해 무엇이 잘못했는지 반성해 보고, 앞으로는 더 잘 해야겠다는 개선의 기회로 삼는 것이 중요합니다. 그렇기 때문에 자기성찰은 우리가 살아가면서 반드시 실천해야 할 매우 중요한 덕목이기도 합니다. 자기성찰은 생각을 내면으로 돌리는 것이기 때문에 생각이 밖으로만 돌고 있는 현대인들에게는 매우 낯설 수도 있는 일입니다. 그리고 지나간 도덕관념적인 고물(古物) 정도로 치부할 수도 있습니다. 그러나 자기성찰 속에 자기변혁의 길이 내재되어 있다는 사실입니다.

본서에서는 자기성찰의 의미를 좀 더 깊은 관점에서 정의하고 그 개념을 사용하게 될 것입니다. 따라서 필자가 정의하는 자기성찰이란 '나' 속의 나, 즉 에고적 관념을 이해하는 과정을 의미하게 됩니다. 그것은 어떤 언행을 일으키게 한 근본 원인을 찾아 들어가는 행위인 것입니다. 자신이 행한 어떤 언행에 대하여, 그것이 '옳다, 그르다.' 라는 선택적인 판단을 하는 것이 아니라, "화나는 감정이 올라오네, 그런데 알고 보니까 내가 생각하는 기대수준에 미치지 못하기 때문에 그렇구나!" 하면서 올라오는 감정을 있는 그대로 자각하고, 자신이 내세우는 관념 때문에 감정이 올라온다는 사실을 이해하는 것입니다. 매사(每事)에 꾸준히 이러한 과정을 실천함으로써, 정체된 마음의 응어리(고정관념 내지 에고적 관념)가 풀어지게 되어, 마음이 맑아지고 몸에 기운이 원활하게 순환되며 자신의 본심을 되찾게 됩니다.

자기성찰은 삶 속에서 부딪치는 어떤 감정을 불러일으킨 원인을 찾아서, '나 속의 나'가 그 원인임을 찾아 들어가는 것입니다. 그 원인을 절대 외부 상황 탓으로 돌리는 것이 아닙니다. 우리가 외부 상황을 탓하게 되면, 어떤 문제도 해결할 수 없게 되고, 자신을 더욱 어려움 속으로 빠져들게 합니다. 그러므로 어려움을 일으키는 원인을 내 안에서 찾아 해결하여, 자신의 본심을 들어내게 하는 것이 중요합니다. 이때 막혀있던 생명력은 발현되고, 삶을 있는 그대로 보면서 부딪치는 상황에 즉각 대처할 수 있는 힘이 길러지게 됩니다. 자기성찰은 1단계 알아차리기와 2단계 이해하기로 나누어 볼 수 있습니다. 그러나 실제 상황에서는 단계 구분 없이 동시에 돌아가게 됩니다. 어떤 감정이 올라오면 바로 알아차리고, 즉시 그 원인이 자신의 고정관념에 있다는 사실을 이해하는 것이기 때문에 동시에 이루어진다고 볼 수 있습니다. 독자 여러분들이 쉽게 이해할 수 있도록 단계별로 나누어 살펴보도록 하겠습니다.

올라오는 감정을 재빨리 알아차려라

'올라오는 감정 알아차리기'는 우리가 어떤 상황에서든지 좋은 감정이 올라오든, 나쁜 감정이 올라오든 즉각적으로 이를 의식하여 알아차리는 것입니다. 예를 들면, 제한 속도가 100킬로인 고속도로를 150킬로 주행할 경우, 내가 과속하고 있다는 사실을 즉각적으로 알아차리는 것입니다. "내가 지금 150킬로로 너무 빨리 달리고 있구나." 라는 자각이 있어야 브레이크를 밟고 속력을 줄이는 행동을 할 수 있게 됩니다. 만약 과속하고 있다는 사실을 자각하지 못하고 주행한다면 과속으로 달리게 될 것입니다. 그 결과가 아찔할 뿐입니다.

직장에서 업무문제로 인해 동료와 말다툼을 하여 화가 날 경우 "내가 화를 내고 있구나." 하고 즉각 알아차리는 것입니다. 자기가 화를 낸다는 사실을 자각하게 되면, 화를 스스로 통제할 수 있게 됩니다. 그런데 우리는 화가 나면 화속으로 빠지는 경우가 많습니다. 그래서 우리는 내 안에서 올라오는 화를 알아차리기가 쉽지 않습니다. 즉 올라오는 화를 알아차리는 힘보다 화의 힘이 크기 때문에 우리는 그 화의 영향을 받게 되는 것입니다. 그러나 화가 올라오는 것을 알아차리고 화가 난 상태를 지켜보고 있으면, 화는 힘을 잃게 되고 저절로 사라지게 됩니다.

우리들은 살아가면서 자기로부터 일어나는 감정을 풀지 못하고 억누르는 경향이 많습니다. 억눌린 감정은 풀어지지 못하고 무의식속에 잠복해 있다가, 우리의 삶에 많은 영향을 주게 됩니다. 즉, 스트레스 상황에 직면하게 되면 기분 나쁜 감정, 짜증, 걱정, 두려움, 신경질 등이 의식 표면으로 나타납니다. 바로 이때 중요한 것은 이러한 상황을 즉각적으로 알아차리는 것입니다. 이러한 자각의 힘을 통해 스트레스를 일으키는 감정은 힘을 잃고 사라지게 됩니다.

사람들이 알게 모르게 무의식의 영향을 받고 살아가는 것은 의식이 깨어나기 전까지는 무의식의 힘이-원래는 의식이 무한하고 무의식은 의식위에 비춘 그림자에 지나지 않음-의식의 힘보다도 강하게 작용한다는 사실을 모르기 때문입니다. 따라서 의식의 힘이 무의식의 힘보다 커질 때 자각하기가 용이해 지는 것입니다. 그것은 의식이 깨어있을 때 의식이 커짐으로써 무의식의 작동을 약화시키기 때문입니다. 마음운동은 주의집중력을 길러주고 의식이 깨어있게 함으로써 자연스럽게 알아차리기(자각하기)를 할 수 있도록 도움을 줍니다.

작동하는 자신의 관념을 섬세히 이해하라

이제 우리가 살펴보아야 할 것은 어떤 감정을 일으키는 근본 원인인 에고적 관념(고정관념)에 대한 것입니다. 예를 들어 내가 어려움에 처해있던 사람을 도와주었는데, 그가 아무 연락도 하지 않는다면 이런 경우 나는 그가 은혜도 모르는 배은망덕(背恩忘德)한 사람이라고 하면서 화를 낼 수 있습니다. 이때 내 마음속에서 올라오는 화를 알아차리는 것은 앞에서 검토했던 1단계에 해당되는 것입니다. 여기에서 살펴볼 2단계는 올라온 화를 일으키게 한 근본 원인인 에고적 관념을 이해하는 것입니다. 에고적 관념을 살펴보면, '사람은 은혜를 입었으면 반드시 갚아야 한다. 그렇지 못한 사람은 인간도 아니다' '나는 은혜를 입으면 갚는 사람이다.' 등과 같은 관념이 작동하고 있음을 알게 됩니다. 그래서 우리가 이와 같이 작동하는 관념들에 대해 "아, 나의 이러한 관념에 맞지 않게, 그가 행동하였기 때문에 내가 화를 내었구나." 하고 그 에고적 관념을 이해하는 것입니다. 한마디로 무엇인가에 집착하고 있는 '나 속의 나', '스스로 고통을 자초하는 나(무의식)의 뿌리'를 이해하는 것입니다.

다음 질문에 답해보면서 에고적 관념에 대한 이해의 폭을 넓혀보도록 하겠습니다. 메모지를 준비한 다음, 각 질문에 대하여 열린 마음으로 적어보십시오.

첫째, 최근에 자주 일어나는 스트레스 상황을 적어 봅니다.
둘째, 스트레스가 나에게 어떤 감정이나 느낌을 일으키는지 적어 봅니다.
셋째, 스트레스를 일으킨 근본적(에고적) 관념을 적어 봅니다.
넷째, '아, 그래서 그렇구나.' 하고 자신이 집착했던 관념에 대해 이해하고, 그 관념으로 인해 지금까지 휘둘려 온 것이 어처구니 없었음을 인식합니다.

우리가 일상생활과 직장생활에서 발생하는 여러 스트레스 상황에 대하여 위와 같은 방법으로 계속 성찰해 나가다 보면, 점차로 에고적 관념들이 정화되면서 상황을 있는 그대로 보는 힘이 생기고 상황에 이리저리 끌려 다니지 않게 됩니다. 그러므로 현실상황과의 부딪침이 있을 때 올라오는 에고적 관념을 이해하는 것이 중요합니다.

사람들은 어떤 바람직하지 못한 상황에 직면하게 되면 기분이 나쁜 쪽으로 반응하게 됩니다. 반면에 그러한 상황이 일어난 것은 그럴 수밖에 없는 이유 때문이라는 사실을 명확히 '이해'하게 되면 즉시 그 마음은 풀어지게 됩니다. 예를 들어 직장의 동료가 사소한 일에 대해 자주 짜증과 화를 내기 때문에 그 동료를 상대하기가 싫어졌다고 합시다. 그런데 그 동료의 부부 사이가 심각한 상황이라는 사실을 접하게 되면, 그 동료의 최근 행동에 대해 '아, 그래서 그랬구나.' 하고 이해하게 되며 즉시 그간의 오해가 풀리게 됩니다. 이것은 바로 '이해하기'에서 나오는 힘인 것입니다. 우리가 남을 이해할 때 이러한 결과가 나오는데, 자신에 대한 섬세한 이해가 있을 때에는 어떠한 결과가 나타나겠습니까? 그것은 막히고 정체되었던 고정관념이 이해받고 풀어지게 되는 것입니다. 그러나 이러한 이해하기는 말로는 쉽게 할 수 있지만, 실제로 실천하기는 쉽지 않습니다. 따라서 이해하기는 알아차리기와 마찬가지로 마음운동을 통해 주의집중력이 커지고 의식의 각성력이 증대될 때 자연스럽게 이루어지게 됩니다.

딱딱한 얼음도 장시간 동안 태양 앞에 놓이게 되면 자연히 녹게 됩니다. 이와 같이 굳을 대로 굳어있는 에고적 관념도 이해하기를 통해 자연스럽게 정화됩니다. 그것이 바로 이해하기의 마력(魔力)입니다. 우리들이 세상에 존재하는 모든 것을 이해하게 된다면 혼란스럽고 정체되었던 관념이 쉬게 됩니다. 세상 모든 것을 이해하지 못한다면 이해하지 못하는 당신의 관념을 이해해 보십시오. 그러한 관념은 이해를 통해 정화될 것입니다. 본서를 읽으면서 스트레스에 대해서 자신이 알고 있던 평소의 관념을 비추어 보고 그 관념을 섬세하게 이해하려고 노력하였다면, 그동안 묶었던 스트레스가 풀어지고 심신이 가벼워짐을 느끼게 될 것입니다.

자신의 경험을 구체적으로 글로 써보라

앞에서 살펴본 '이해하기'는 스트레스를 일으키는 에고적 관념을 정화하기 위한 것입니다. 또한 그것은 정체된 고정관념으로 인해 스트레스가 작동되고 있다는 사실에 대해 "아! 그래서 그렇구나!" 하면서 작동하는 에고적 관념을 즉각적으로 그 자리에서 인정하는 작업입니다. 반면에 글쓰기는 스트레스 상황을 되돌아보고, 스트레스를 일으킨 에고적 관념을 구체적으로 글로 적으면서 정리하고 이해하는 작업입니다. 이해하기와 글쓰기는 에고적 관념을 이해하는 접근 방법이 다르게 느껴질 수 있지만 본질적으로는 동일하다고 할 수 있습니다.

글쓰기는 우리가 글을 쓰는 과정을 통해 에고적 관념을 섬세하게 느끼고, 그 관념을 이해하는 것입니다. 이를 통해 고착된 관념이 풀어지게 되어 심신이 비워지고 안정됩니다. 직장에서 스트레스를 느낄 때, '이렇게 할까? 저렇게 할까?' 하고 생각만 하지 말고, 잠시 바쁜 일손을 멈추고 다음과 같은 글쓰기 '양식'을 만들어, 스트레스관련 사항 모두를 아래 요령과 같이 정리해 보십시오. 평소에 꾸준히 실천해 나간다면 스트레스를 일으키는 고정관념은 점차로 풀어지게 될 것입니다. 글을 쓰는 요령은 첫째, 현재 겪고 있는 스트레스 상황을 적습니다. 둘째, 어떤 스트레스성 감정이 일어나는지를 적습니다. 셋째, 그러한 감정을 일으키게 하는 원인이 무엇인지 구체적으로 정리한 다음, 자신의 에고적 관념에 비추어 보십시오. 넷째, 눈을 감은 다음 "아, 그래서 그랬구나. 나의 관념에 문제가 있었구나." 하고, 스트레스를 일으키는 에고적 관념을 이해하는 것입니다.

↠글쓰기(양식)

1. 현재 겪고 있는 스트레스 상황을 적으십시오.
2. 일어나는 스트레스성 감정을 적으십시오.
3. 감정을 일으키는 원인을 구체적으로 적은 다음, 자신의 에고적 관념에 비추어 보십시오.
4. 에고적 관념을 이해하십시오.
기타

06 일상적 행동을 통해 나를 느껴라

스트레스가 풀어지는 원리는 무엇인가?

사람들이 스트레스를 해소하기 위해 일반적으로 행하는 주요 방법을 살펴보면 잠자기, 술 마시기, 운동하기. 친구와 대화하기, 맛있는 음식 먹기, 목욕하기, 흡연하기, 산책하기, 음악 감상하기, 영화보기, 컴퓨터 게임하기, 명상하기, 노래방가기, 드라이브하기, 쇼핑하기, 스트레칭하기, 울기 등이 있습니다. 여러분들은 어떤 방법으로 스트레스를 해소하고 있습니까? 자기 나름대로의 방법을 선택하여 스트레스를 해소하면서 동시에 기분전환도 하고 몸과 마음을 활기차게 할 것입니다. 그러나 사람들이 행하는 이러한 방법들은 일시적으로 사람들의 몸과 마음을 이완시켜 편안함을 느끼게 하지만, 동일한 상황에 직면하게 되면 사람들은 또 다시 스트레스를 받게 됩니다. 예를 들면 직장에서 과중한 업무로 시달리다가 휴가를 떠나게 되면, 몸과 마음이 날아갈 듯한 편안함을 느끼게 됩니다. 그러나 휴가를 마치고 직장에 돌아와서 동일한 상황에 부딪치게 되면, 또 다시 스트레스를 받게 됩니다. 이때 우리는 스트레스를 극복하기 위해 또 다시 신경을 쓰게 됩니다. 이러한 행동은 계속적으로 반복될 것입니다. 이것은 물통에 흙탕물을 넣고 잠시 기다리면 흙은 밑으로 갈아 앉고 물은 맑아지지만, 물을 휘저으면 다시 흙탕물로 변하는 이치와 같습니다.

사람들은 스트레스를 받게 되면 스트레스를 일으킨 상황에 대해 신경을 쓰게 되고 심하면 온갖 잡념과 생각에 빠지게 됩니다.

그러다 보니 탁한 기운이 머리에 머무르게 되어 머리가 개운치 못하고 몸과 마음의 활력이 떨어지게 됩니다. 따라서 머리에 머물고 있는 생각을 '몸과 오감' 쪽으로 옮겨 가게 하면, 온갖 생각이 잠시 끊어지게 되어 일시적으로 편안함을 느끼게 됩니다. 이때 머리에 집중해 있던 생각을 몸 쪽으로 옮기게 하는데 가장 효과적인 것은 운동을 하는 것입니다. 특히 운동을 강력하게 할수록 그 효과는 커지게 됩니다. 우리가 어떤 운동을 하더라도 강력하게 움직일 때에는 몸과 마음에 쌓여있던 탁한 기운이 밖으로 빠져나가게 되고, 생기 있는 기운이 원활하게 순환하게 되어 활력을 되찾게 됩니다. 그리고 몸의 움직임에 우리의 마음이 따라가게 되어 혼란스러운 생각이 작동할 수 없게 되면서 우리는 스트레스로부터 일시적으로 풀어지는 느낌을 갖게 됩니다.

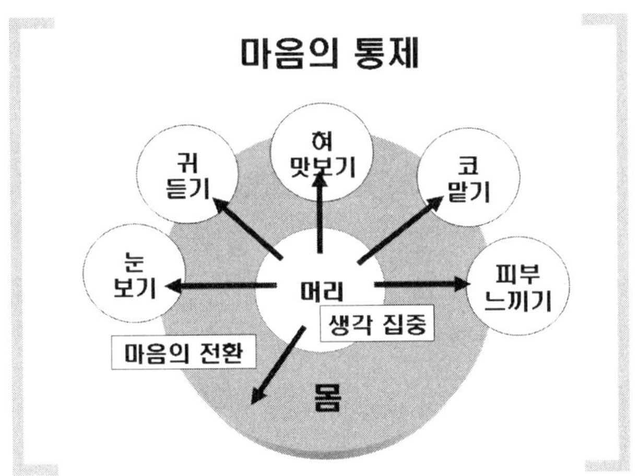

운동을 통한 스트레스 해소방법을 터득한 다음에는, 우리들의 마음을 오감(눈, 귀, 코, 혀, 피부) 쪽으로 전환되게 하는 방법을 시도해 봅니다. 이때에도 마음이 오감 쪽으로 옮겨감으로써 혼란

스러운 생각이 끊어지게 됩니다. 따라서 우리의 마음이 오감에 머물게 되면 스트레스로부터 일시적으로 벗어나는 느낌을 갖게 됩니다.

스트레스 해소방법을 잘 살펴보면 겉으로는 서로 다르게 보입니다. 그러나 모두 몸과 오감을 통한 방법들입니다. 머리에 집중되었던 생각을 몸과 오감 쪽을 전환시키는 방법들입니다. 이처럼 몸과 오감을 통해 스트레스를 해소하는 것이 일반적인 스트레스 해소 메커니즘인 것입니다. 그러나 그러한 해소방법으로는 스트레스를 일으키는 근본적인 뿌리가 제거되는 것이 아닙니다. 다만 우리의 마음이 다른 곳으로 이동하여 그 곳에 집중되기 때문에 스트레스가 일시적으로 없어진 것처럼 느껴지는 것일 뿐입니다. 엄밀하게 말해서 그것은 스트레스가 해소된 것이 아니라 우리들 관심의 방향이 바뀌어 스트레스를 잠시 잊고 있는 것일 뿐입니다. 스트레스를 일으키는 근본원인은 그대로 머물러 있는 것입니다.

우리는 단지 스트레스를 해소하는 방법에만 매달려서는 안 됩니다. 우리는 시야를 더 넓은 곳으로 확대해 나가야 합니다. 몸과 오감을 활용하여 마음을 제어하는데 머무르지 말고 의식의 '깨어있음'(각성력)까지 이어가야 합니다. 의식의 깨어있음까지 이어져야 삶의 고통과 스트레스로부터 벗어 날 수 있습니다. 본 장의 목적은 마음운동을 통해 스트레스 해소는 물론 주의집중력 향상과 각성력을 증대해 나가는데 있어서, 이와 더불어 스트레스 해소를 위한 일상적 행동을 스트레스 해소를 위한 방법으로만 생각하지 말고 의식이 깨어나는 상황까지 확대하고 응용하도록 하는 것입니다.

달리면서 움직이는 몸을 느껴라

요즘 각종 매체들은 하루가 멀다 하고 달리기가 사람의 몸에 좋다고 기사화하여 사람들에게 소개하고 있습니다. 그래서 인지는 몰라도 달리기를 하는 사람들이 증가하는 추세에 있습니다. 이로 인해 달리기와 관련한 각종 대회가 전국적으로 실시되고 있습니다. 그러나 달리기가 건강에 도움을 주는 것은 사실이지만, 그것이 의식의 깨어있음(각성력)을 증대시키기 위한 하나의 방편이 되어야 한다는 것입니다. 만약 그것이 깨어있는 상황을 조성하지 못한다면, 그것은 단지 육체 운동일 뿐인 것입니다. 우리는 어떤 운동을 하든지 그것이 기계적이고 무의식적인 움직임이 되지 않게 해야 합니다. 그런데 대부분의 사람들은 기계적이고 무의식적으로 움직이고 있습니다.

우리가 달리기를 할 때 깨어있기 위해서는 막연히 목표지점을 향해 달리든지 또는 목표시간을 갖고 달리든지 간에, 달리는 과정에서 온몸의 움직임 내지 땅바닥에 닿는 발바닥의 느낌을 충분하게 갖으면서 달리는 것이 중요합니다. 그리고 온몸을 움직이고 있는 나를 수시로 느껴보는 것입니다. 그런데 우리가 달리기에 집중하다보면, 그 상태에 몰입하게 되어 간혹 자신을 잊고 달리게 됩니다. 이때 달리는 자는 사라지고 오직 달리기만 남게 됩니다. 바로 이 순간에 달리고 있는 나를 느끼면서 의식이 깨어나도록 해야 합니다. 다른 운동을 할 때에도 달리기하는 요령과 같이 응용해 보십시오.

사람들은 일반적으로 어떤 행동에 몰입하게 되면 무의식적으로 몰입되고 자신을 잊게 됩니다. 이때에는 어떤 사람이 옆에서 탁 건드려야 몰입상태에서 벗어나게 됩니다. 그러나 우리들이 달리기를 하든, 걷기를 하든 어떤 행동에 몰입하고 있을 때, 자신의 몸 움직임과 특정 부위에 느낌을 갖는다는 것(몰입해 행동하고 있는 나를 느낀다는 것)은 무의식인 행동으로부터 의식이 깨어나게 하는 것입니다. 즉 어떤 행동을 하고 있는 자신을 영화 보듯이 좌석에 앉아서 바라보는 것과 같은 것입니다. 이러한 상태가 체득되면 어떤 행동을 할 때 자연스럽게 완전히 몰입하게 됩니다. 그 상황과 자신이 하나가 됩니다. 나는 사라지고 상황만 존재하게 됩니다. 그러나 의식은 깨어있기 때문에 이러한 상황을 명백히 알고 있다는 사실입니다. 이처럼 의식이 깨어있는 상태에서의 행동과 무의식적인 상태에서의 행동은 본질적으로 차이가 있는 것입니다. 본 장에서는 일상적인 행동을 통해 스트레스를 해소하는 방법을 이해하면서 동시에 의식의 깨어있음에 대해서도 체득해 나가게 됩니다.

걷으면서 발바닥을 느껴라

많은 사람들이 자신의 건강관리를 위해서 자기취향에 맞는 운동을 하고 있습니다. 운동에는 여러 가지가 있겠지만 많은 사람들이 몸에 큰 무리 없이 손쉽게 할 수 있는 산책을 선호하고 있습니다. 산책은 몸과 마음에 활력을 주고 쌓인 스트레스도 풀어줍니다. 산책은 저녁식사 후 집주변에서도 할 수 있고, 탄천을 따라가면서 할 수도 있습니다. 그런데 대부분의 사람들은 산책을 할 때, 옆 사람과 이야기를 하거나, 혼자서 어떤 생각을 하거나, 눈앞에서 전개되는 여러 가지 상황을 보면서 걷습니다. 우리는 산책을 단지 건강만을 위해 하는 것이 아닌 만큼 여유를 갖고 생각도 하고, 느낌도 가지면서 걷는 것이 기분전환을 위해서도 심신을 조화롭게 하는데도 좋을 것입니다. 그러나 이제부터 산책을 할 때에는 생각하며 걷지만 말고, 옆 사람과 이야기하며 걷지만 말고, 몸 움직임과 발바닥을 느끼면서 걸어보십시오.

일반적으로 우리들이 걷기를 할 때에는 걷고 있는 장소(산책로, 길거리, 사무실, 쇼핑센터 등)에 관계없이 단지 걷는다는 마음만으로 기계적이고 무의식적으로 걷는 경우가 많습니다. 그러나 우리는 걷기를 통해 의식의 깨어있음을 경험할 수 있는 좋은 기회입니다. 걷기를 할 때에는 우선 평상시와 똑같은 걸음걸이로 천천히 걷습니다. 눈은 몇 발자국 앞을 낮게 응시합니다. 걸음을 옮길 때마다 발바닥이 땅바닥에 닿는 감촉을 느껴 봅니다. 잡념이 들어오면 그대로 내버려 둡니다. 이에 개의치 말고 다시 걸음걸이에 주의를 기울이면서 발바닥의 감촉을 느끼며 걷습니다. 이와 같은 요령을 걷다보면 느낌이 점차 커지면서 의식이 깨어있게 되고 주의집중력이 향상됩니다. 산행을 할 때에는 "언제 저 산위까지 올라가지!" 라고 생각하지 말고, 발바닥 또는 다리의 움직임을 느끼면서 걸으십시오. 계단을 오를 때에도 다리의 움직임을 느끼면서 걸으십시오. 항상 장소에 관계없이 걸어가야 할 때에는 위와 같은 요령으로 응용해 보십시오. 그리고 걸으면서 온몸을 움직이고 있는 나를 수시로 느껴보십시오.

웃으면서 웃는 나를 느껴라

여러분들의 주위에 있는 사람들에게 아무 걱정 없이 편하게 살고 있는지 물어보십시오. 과연 그들은 무엇이라고 대답할까요? 어느 누구도 문제없이 살고 있다는 대답을 하는 사람은 아마도 없을 것입니다. 거의 다양한 삶의 문제를 안고 살아갑니다. 자녀문제, 부부문제, 직장문제, 노후문제, 부모문제 이외에도 수없이 많을 것입니다. 그러나 발생하는 삶의 문제에 대하여 여유롭지 못하고 심각하게 대처하며 사는 사람들은 스스로 높은 장벽을 만들게 되고, 그 속에 갇혀 살게 됩니다. 그리고는 웃음을 잃어버리게 됩니다. 웃음을 잃는다는 것은 삶의 모든 것을 잃는 것입니다. 웃음이 사라지는 순간, 활력 있는 기운은 더 이상 흐르지 않게 됩니다. 여기서 우리는 웃음이 중요하다는 점을 자각해야 합니다. 아무리 우리들이 어려움에 처해 있다고 해도 웃을 수 있어야 합니다.

진정한 웃음은 가슴 속에서 자연스럽게 우러나오는 것입니다. 그러한 웃음은 순수하며 천진난만한 것입니다. 진정한 웃음은 이유가 없으며 순수한 인간 본성에서 비롯되어 나오는 것입니다. 반면에 우리가 웃음을 가장할 때 그러한 웃음은 억지웃음이 됩니다. 억지웃음은 입가에 미소만을 짓게 합니다. 그 웃음은 가슴에서 우러나온 것이 아니며, 가식적으로 색칠하고 있을 뿐입니다. 진정한 웃음은 단전을 강화시키고 건강을 가져다줍니다. 요즈음 의학에서 조차도 웃음은 자연이 인간에게 제공한 가장 우수한 약이라고 말합니다. 따라서 우리가 몸이 아플 때라도 웃을 수 있다면 곧 건강을 회복할 수 있습니다. 그러나 건강할 때조차도 웃을 수 없다면 건강을 잃고 병들게 될 것입니다.

진정으로 웃을 때 우리는 깊은 무아(無我)의 상태에 있게 됩니다. 잡다한 생각들이 멈추게 됩니다. 우리는 웃거나 생각하거나 둘 중의 하나를 선택할 수 있습니다. 동시에 두 가지를 다 할 수는 없습니다. 만약 생각을 멈추지 않고 웃고 있다면, 그 웃음은 표피적인 웃음일 것입니다. 우리가 진정으로 웃을 때 고통스런 마음이 사라집니다. 진정한 웃음은 온몸으로 마음껏 웃는 것입니다. 그러한 웃음은 우리의 마음을 편안하고 안정되게 해 주고 활력을 줍니다. 어디서든 웃음이 나오면 참지 말고 마음껏 웃으십시오. 웃을 수 없는 장소라면 그곳에서 잠시 빠져나와서 웃으십시오. 웃고 있는 상태에서 잠시 빠져나와 웃고 있는 자신을 느껴보십시오. 웃음을 통해 의식이 깨어나게 됩니다.

울면서 울고 있는 나를 느껴라

우리가 시도하는 일 마다 뜻대로 이루어지지 않으면, 우리는 좌절의 늪에 빠지게 됩니다. 그럴 때 우리는 깊은 고통으로 인해 몸과 마음이 힘들어지기 마련입니다. 긴장감이 몸과 마음에 가득 차게 됩니다. 마치 공기가 가득 찬 풍선에 작은 구멍만 나도 즉시 터지는 것과 같이, 우리는 조그만 자극을 받게 되면 폭발할 정도의 긴장상태에 놓이게 됩니다. 그와 같이 우리가 좌절에 빠져 있을 때 조그마한 자극을 받게 되면 울음이 터져 나오게 됩니다. 물론 사람의 성격에 따라 달라질 수 있습니다만 어떤 사람은 분노가 폭발할 수도 있습니다.

울음이 나올 때에는 참지 말고 마음껏 우십시오. 며칠간 온 몸이 쓰시고 아플 정도로 소리를 내어 마음껏 우십시오. 오히려 참으면 더욱 긴장이 쌓이게 되어 탁한 기운이 정체되기 때문에 몸과 마음에 좋지 않은 영향을 줍니다. 그러나 우리가 마음껏 울면 쌓였던 긴장감이 풀어지게 되어 몸과 마음이 텅 비게 되고 혼란스러운 생각이 사라집니다. 이로 인해 몸과 마음이 평온해 지고 안정됩니다. 대체로 여성들은 눈물이 많은 편이기에 울음이 나오면 잘 울지만, 남성들은 참는 경향이 많습니다. 이러한 사실은 어려서부터 '남자는 울면 안 된다.' 라는 관념이 머릿속에 입력되어 있기 때문입니다. 그렇다고 해도 남자들도 울어야 할 상황이면 억지로 참지 말고 홀로 우는 것이 건강에 매우 좋습니다. 오히려 참는 것은 스트레스가 쌓이게 되어 병을 유발하게 됩니다. 울 수 있는 사람이 진정으로 웃을 수 있는 법입니다. 울음을 통해 몸과 마음을 텅 비울 수 있기에 텅 빔 속에서 웃음이 나오게 됩니다. 그리고 울음이 나오면 무의식적으로 울지만 말고, 울고 있는 자신을 느껴보십시오. 이때 의식이 깨어나게 됩니다. 신선한 기운을 느끼게 됩니다.

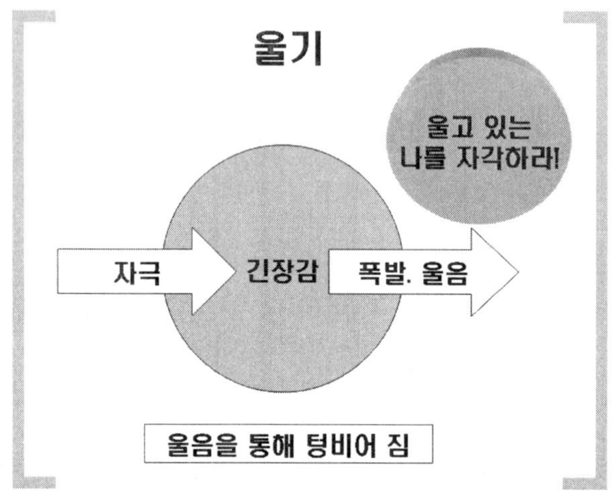

소리를 들으면서 소리를 듣는 나를 느껴라

스트레스 해소방법 중에서 우리들이 쉽게 접할 수 있는 것 중에 하나는 음악을 감상하는 것입니다. 이때 음악이 클래식이든, 대중가요이든, 팝송이든 간에 자기가 좋아하는 음악을 듣는 것이 중요합니다. 자기가 좋아하는 음악을 들어야 마음이 편해지게 됩니다. 어떤 특정 음악이 좋다고 해서 굳이 따를 필요는 없습니다. 다만 자기가 특정 음악에 관심이 가서 듣고 싶으면, 그냥 들으면 됩니다. 음악 감상은 사람들의 마음이 울적하고 활력이 떨어져 있을 때 마음을 안정되고 편안하게 해줍니다.

우리들은 음악소리 외에 일상생활에서 수많은 소리를 들으며 살아갑니다. 그런데 우리들은 산사(山寺)의 바람소리, 물소리, 풍경소리는 우리들의 마음을 풍요롭게 한다고 생각합니다. 반면에 아이울음소리, 자동차소리, 경적소리 등은 우리들의 마음을 예민하게 하고 피곤하게 만든다고 합니다. 왜 사람들은 자기가 듣기 싫어하는 소리는 거부하고, 그 소리를 들으면 어째서 짜증을 내는 것일까요? 그것은 사람들 나름의 분별의식 때문입니다. 이 소리는 좋은 소리, 저 소리는 좋지 않은 소리라고 분별하기 때문입니다. 어떠한 소리도 있는 그대로 소리일 뿐입니다. 인간 스스로 소리를 구분하여 선택하는 것입니다. 그런데 어떻게 사물에 대하여 진정으로 중용의 마음을 가질 수 있겠습니까?

지금 이 순간 아무 생각도 하지 말고 귀에 들리는 소리를 그저 듣도록 하십시오. 어떤 것을 듣기 위해 해야 할 일은 아무 것도 없습니다. 귀는 언제나 열려있습니다. 무슨 소리가 들리든 그저 들으십시오. 차, 기차, 비행기의 소음이 지나갑니다. 시끄럽다고 마음으로 거부나 저항하지 말고 그냥 들으십시오. 마치 음악을 감상하는 것처럼 들으십시오. 그러면 문득 그 소음의 질이 바뀐다는 사실을 알게 될 것입니다. 그것은 더 이상 마음을 혼란시키거나 방해하지 않습니다. 그 소음은 마음 아래로 가라앉게 됩니다. 마음은 편히 쉬게 됩니다. 그리고 소리를 듣고 있는 자신을 느껴보십시오. 의식이 깨어나게 됩니다.

우리가 소리를 제대로 듣는다면 시장 한복판의 소음조차도 음악이 됩니다. 시장의 사람들 소리는 합창소리가 됩니다. 우리가 무엇을 듣든 그것은 핵심이 아닙니다. 핵심은 우리가 그저 들어주는 것이 아닌 듣고 있다는 사실입니다. 음악소리, 바람소리, 대화하는 소리 등을 들을 때에도 따지지 말고 그냥 들으십시오. 이외의 어떠한 소리를 들을 때에도 그냥 들으십시오. 그리고 소리를 듣고 있는 자신을 느껴보십시오.

음식을 먹으면서 입 움직임을 느껴라

사람들이 음식을 먹을 때에는 음식 맛에 집중하면서 그 맛을 음미하며 천천히 먹어야 하는데, 제대로 맛을 음미하지 않으면서 그냥 먹는다는 일념으로 빨리 먹는 경우가 많습니다. 입으로는 음식을 먹으면서 머리는 별의 별 생각으로 가득 차 있는 경우가 많습니다. 그러므로 사람들은 단지 무의식적으로 음식을 먹게 되고, 나중에는 무엇을 먹었다는 느낌 내지 포만감만을 갖게 됩니다. 그리고 진정한 음식의 맛을 느끼지 못합니다.

많은 미식가들은 여기저기 음식 맛이 좋은 곳을 찾아다니면서 기분을 전환시키기도 하고 음식의 진수인 '맛'을 즐깁니다. 이들은 음식 맛이 좋다는 곳은 시간을 내어 거리가 멀어도 찾아갑니다. 또 어떤 사람들은 기분이 울적하고 스트레스를 받게 되면 좋아하는 음식을 먹으면서 무의식적으로 스트레스를 풉니다. 긴장된 마음을 미각(味覺)으로 전환시킴으로써, 일시적으로 긴장이 풀어지게 합니다. 이들은 음식을 수시로 먹기 때문에 몸이 뚱뚱할 가능성이 높습니다.

이상은 사람들이 음식을 먹는 여러 가지 행태입니다. 이들은 음식을 그냥 먹기도 하고, 맛을 느끼며 먹기도 하고, 긴장을 풀기 위해 먹기고 합니다. 이제는 음식을 먹으면서 의식이 깨어나도록 하는 기회를 가져보는 것입니다. 따라서 음식을 먹을 때에는 입의 움직임을 느끼면서 천천히 드십시오. 집에서 식사를 할 때, 직장에서 점심을 먹을 때, 사업상 회식을 할 때, 기타 모임에서 음식을 먹을 때에는 그냥 음식을 먹지 말고 입 움직임을 느끼면서 천천히 드십시오. 음식을 씹고 있는 입의 동작을 알아차리면서 드십시오. 음식을 먹고 있는 자신을 느끼면서 드십시오. 음식 맛이 살아나고, 의식이 깨어있게 됩니다.

몸에 닿는 감촉을 느껴라

직장에서 돌아와 따뜻한 물로 샤워 또는 목욕을 하면 몸의 혈액순환이 원활해지기 때문에 우리는 심신의 피로가 말끔히 풀어지고, 쌓였던 스트레스가 해소되는 것을 느끼게 됩니다. 특히 스트레스가 해소되는 것같이 느끼는 현상은 우리가 따뜻한 물의 감촉을 피부로 느끼게 되면 의식이 온 몸의 감촉에 집중하게 되어 혼란스런 마음을 잠시 제어하게 되기 때문입니다. 이때 다른 생각들은 사라지고 오로지 감촉만이 남게 되고 우리의 마음은 평온해 집니다. 이것은 따뜻한 물이 피부에 접촉하여 일어나는 현상입니다. 또한 감촉을 통해 의식을 깨어있게 하는 방편이 되기도 합니다. 우리가 감촉을 느낄 때 물과 만나는 현재 순간에 존재하게 되어, 아무 생각 없이 심신은 편히 휴식하게 됩니다.

사람들은 손과 발을 하루에도 수없이 사용하지만 대체로 무의식적이고 기계적으로 사용합니다. 다만 움직여야 하니까 움직일 뿐입니다. 이것이 잘못된 것은 절대 아닙니다. 손과 발의 움직임을 통해서 의식이 깨어있게 하는 힘을 키울 수 있다는 점을 강조하는 것입니다. 손으로 무엇을 만질 때에는 손의 감촉에 의식을 집중하고, 걸어갈 때에는 발의 움직임이나 발바닥에 닫는 감촉에 의식을 둡니다. 철저하게 감촉을 느끼는 것입니다. 이렇게 감촉을 느끼고 의식의 집중을 계속하다 보면 의식의 깨어있는 힘이 증대됩니다.

사물을 보고 있는 나를 알아차려라

우리가 어떤 사물에 집중하게 되면, 집중 그 자체가 마음을 제어하게 되어 혼란한 마음이 쉬게 됩니다. 예를 들어, 백화점에서 아이쇼핑을 하면서 진열된 상품을 둘러볼 때, 야외에 나가 아름다운 풍경을 바라볼 때, 고궁에 가서 여러 문화재를 감상할 때, 미술관에 가서 전시된 그림 내지 조형물을 감상할 때, 대충 들러보는 것이 아니라 주의를 집중하여 마음으로 감상하면서 바라보는 것입니다. 이러한 전적인 집중을 통해 혼란한 마음이 쉬게 되고, 일상의 긴장에서 벗어나게 됩니다.

그러나 우리는 여기에 머물지 말고, 사물을 보는 시점을 우리의 의식이 깨어있게 하는 기회로 삼는 것입니다. 따라서 백화점에서 아이쇼핑을 즐길 때에는 "저 디자인이 좋다, 좋지 않다." 라는 생각은 잠시 접고 아이쇼핑을 그저 즐기십시오. 그리고 즐기고 있는 자신을 느끼십시오. 야외에 나가 자연의 풍경을 즐길 때에는 "아! 아름답구나." 라는 감탄은 잠시 접고 자연의 풍경을 그저 즐기십시오. 그리고 즐기고 있는 자신을 알아차리십시오. 미술관에 가서 전시품을 감상할 때에는 "야! 멋있구나." 하고 감탄은 잠시 접고 전시품을 그저 감상하십시오. 그리고 감상하고 있는 자신을 느껴보십시오. 전철 앞에 앉아 있는 멋진 이성(異性)을 바라볼 때에는 "참, 멋있구나." 하는 생각은 잠시 접고 멋진 이성을 지긋이 바라보십시오. 그리고 바라보고 있다는 사실을 자각하십시오. 시내를 걷다가 물건을 파는 노점상에 많은 사람들이 몰려있을 경우에도 호기심을 갖고 접근하되 판단은 잠시 접고 그 곳을 그냥 바라보십시오. 그리고 바라보고 있는 자신의 행동을 알아차리십시오. 이처럼 바라보는 행위 속에서 돌아가는 생각과 느끼는 감정을 잠시 멈추고, 무의식적이고 기계적으로 움직이는 생각과 감정을 쉬게 하고, 바라보고 있는 자신을 느끼고 알아차리십시오. 의식이 현재 순간에 머무르게 되고 깨어있게 됩니다. 혼란한 마음은 편히 쉬게 됩니다.

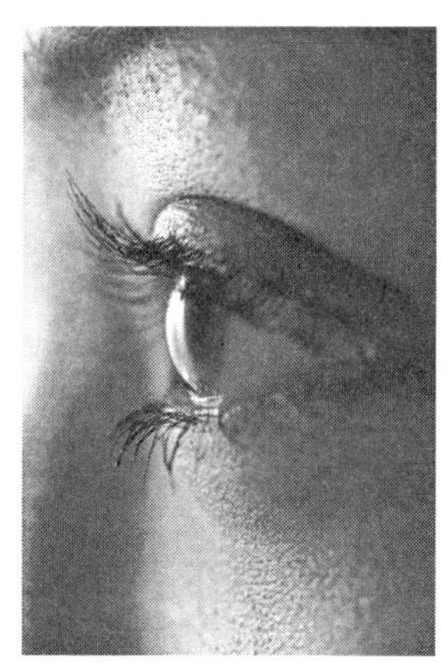

판단하지 말고 냄새를 맡고 있는 나를 느껴라

좋은 향기는 사람의 신경을 자극하여 몸과 마음을 안정시키고 편안하게 합니다. 그래서인지 어떤 판매장에 가면 좋은 향기를 통해 마케팅 하는 경우를 종종 볼 수 있습니다. 소위 향기 마케팅이라는 용어를 붙여서 말입니다. 그리고 '아로마 테라피'(향기가 나는 식물을 사용하여 치료하는 향기요법)와 같이 '허브 향'을 이용하여 사람들이 건강증진, 미용, 그리고 스트레스를 해소하는데 도움을 주기도 합니다. 이처럼 향기는 심신 이완에 도움을 주면서, 의식이 한 곳으로 집중되게 합니다. 그러므로 우리는 향기를 맡을 수 있는 기회가 오면, 그 즉시 의식이 깨어나게 하는 계기로 삼아야 합니다.

일상적으로 우리가 주변에서 냄새 맡을 수 있는 것들은 남여가 사용하는 향수, 남여 특유의 체취, 화단의 꽃향기, 가정 내지 사무실에서 사용하는 방향제, 전철 안에서 사람들의 체취, 음식 냄새 등 입니다. 이때 어떤 냄새를 맡게 되던, "향기롭다." "역겹다." 라고 머리로 따지지 말고, 냄새나는 그대로 맡아보십시오. 그리고 냄새를 맡고 있는 나를 느껴보십시오. 냄새가 역겹게 느껴지면 처음에는 냄새를 있는 그대로 맡기가 쉽지는 않을 것입니다. 그러나 이 단계에서 중요한 것은 냄새를 분별하고, 판단하지 않는 의식을 유지하는 것입니다. 냄새를 있는 그대로 맡고 있는 그 자리가 바로 의식이 깨어있는 자리입니다.

온 몸으로 몰입하면서 여행하라

사람들은 심신이 고달프고 힘이 들게 되면 현실에서 훌쩍 떠나고 싶어 합니다. 아무 생각도 없이 혼자만의 시간을 갖고 자신을 되돌아보는 기회를 갖기 원합니다. 이때 가장 좋은 것은 혼자서 여행을 떠나는 것입니다. 여행을 하게 되면 일상에서 벗어나 객관적으로 나 자신을 바라볼 수 있고, 몸과 마음에 새로운 활력을 불어놓고 사람들의 다양한 모습을 보게 됩니다. 농사짓는 모습, 어판장(魚販場)에서 경매하는 모습, 길거리에서 과일을 파는 모습 등을 통해 사람들의 다양한 역할이 세상을 조화롭게 이끌어 간다는 사실을 깨닫게 됩니다. 그리고 삶의 의미를 새롭게 느끼게 되고, 자연의 아름다운과 조화로움을 즐길 수 있게 됩니다. 또한 그 곳만의 특별한 음식 맛을 음미할 수도 있습니다.

여행은 사람들의 몸과 마음이 현재 이 순간에 머물게 합니다. 현재 순간이외에는 아무 생각도 나지 않게 됩니다. 그러므로 우리의 몸과 마음이 새로운 활력을 찾게 됩니다. 우리의 마음은 텅 비어지어 여유로워지며 만나는 모든 사람들에게 후해 집니다. 오감을 100% 열어 놓으십시오. 보이는 모습은 있는 그대로 보고, 들리는 소리는 있는 그대로 듣고, 시골의 냄새는 있는 그대로 맡아보십시오. 오감으로 느끼는 모든 것에 대해 의식을 집중시켜 깨어있으십시오. 여행은 의식을 깨어있게 하는데 큰 도움을 줍니다.

자기 몸속에서 흐르는 기운을 느껴라

인간의 몸은 지, 수, 화, 풍의 집합체로서, 자연으로부터 온 물질이고 에너지입니다. 따라서 인간은 항상 자연으로부터 오는 기운의 영향을 받으며 살아가게 됩니다. 그러므로 우리는 가끔 자신의 몸에 흐르는 기운을 느낄 필요가 있으며, 자신의 몸 안에 삶의 기운을 흐르게 하는 자연의 은총에 대하여 고마움을 가질 필요가 있습니다. 그러나 많은 사람들은 바쁜 일상으로 인해 이러한 점을 잠시 잊고 살아가는 듯합니다. 이제는 자신의 몸을 느껴보는 시간을 통해 흐르는 자연의 기운에 감사하고, 업무에 지친 마음을 여유롭게 하고 활력을 찾아야 합니다. 이러한 기회를 통해 의식이 깨어있게 하는 것입니다.

바닥에 편안하게 앉아서 의식을 호흡에 집중한 다음 몸 안에서 흐르고 있는 기운을 느껴봅니다. 이때 생각이 끊어지고 마음이 평온해지면서 현재 이 순간에 존재하게 됩니다. 사념이 올라오면 없애려고 노력하지 말고 의식을 호흡에 집중하고 몸 안의 기운을 느끼면 됩니다. 직장에서 일을 하다가 잠시 일손을 놓고, 의자에 가만히 앉아서 아무 생각도 하지 말고 온몸을 느껴보십시오. 기운이 발바닥에서 머리끝까지, 머리끝에서 발바닥까지 흐르고 있다고 느끼십시오. 당신이 그 느낌을 유지할 때 의식이 깨어있게 됩니다. 몸 안의 기운이 원활히 흐르고 있다는 사실에 감사함을 느끼십시오.

집안일을 하면서 몸의 움직임을 느껴라

여러분이 집안에서 청소기로 바닥을 청소할 때, 화초에 물을 줄 때, 유리창을 닦을 때, 음식그릇을 설거지할 때, 막연히 집안의 일을 한다고만 생각하지 마십시오. 비록 집안일을 하고는 있지만 온몸을 움직이는 것이기 때문에 운동하는 것과 마찬가지입니다. 우리가 보통 달리기, 걷기와 같이 운동이라고 칭하는 운동을 해야만 운동하는 것이 아닙니다. 집안일에 몰입할 때 몸과 마음이 활기차게 됩니다. 또한 이때를 의식이 깨어있는 기회로 삼습니다. 일을 하려면 손과 발을 사용하게 되는데 이때 손바닥 또는 발바닥에 전달되는 감촉과 몸의 움직임을 섬세히 느끼면서, 잘 해야겠다는 생각도 하지 말고 빨리 해야겠다는 생각도 하지 말고 그냥 느낌을 갖고 행하십시오. 남들이 보면 분명히 일을 하고 있는 모습이지만, 일을 하고 있는 사람은 감촉과 몸의 움직임을 충분히 느끼면서 의식이 깨어있는 상태에 있는 것입니다. 그 느낌을 계속 가지고 가다보면 시간관념 없이 일이 진행되고 일이 자연스럽게 끝나게 됩니다. 또한 일이 잘 되지 않아 짜증이 나려고 하면 올라오는 짜증을 바로 알아차리고 천천히 그 느낌으로 돌아가십시오. 이때 올라오려던 짜증은 사라지고 그냥 섬세한 느낌만이 남게 됩니다. 다른 일을 할 때에도 이와 같은 요령으로 해 보십시오. 당신은 일하는 것이 아니라 일을 통해 촉감을 즐기고 있음을 알아차리게 됩니다.

직장에서 일하면서 일하고 있는 나를 느껴라

직장생활은 조직의 목적과 목표를 위해서 상사, 동료와의 인간관계 그리고 업무수행이라는 두 가지 축을 중심으로 이루어지게 됩니다. 이러한 과정 속에서 직장인들은 직장에서 발생하는 인간관계와 업무관련 각종 문제를 해결해 나가고, 자기 역할을 충실히 수행해 나가며 과업을 완수해 나갑니다. 너무나 업무에 전적으로 집중하여 일을 함으로써 일하는 행위만이 있게 되고, 일하고 있는 나는 사라지는 경우가 있습니다. 소위 업무삼매에 빠지는 것입니다. 이때를 의식이 깨어나는 기회로 삼아야 합니다.

우리가 경쟁사회에서 남보다 앞서 가려면 어떤 상황에서도 즉각적으로 대응할 수 있는 우리의 의식이 깨어나 창조적인 힘을 발휘해야 합니다. 그러기 위해서 우리는 맡은 바 일을 열심히 하면서 동시에 의식이 깨어있어야 합니다. 의식이 깨어있지 못하고 무의식적으로 열심히 일만해서는 앞서갈 수 없습니다. 일을 하다가 가끔씩 일에서 떨어져서 일하고 있는 지신의 모습을 객관화시켜 봅니다. 마치 극장에서 관객이 영화를 보는 것같이 자신을 바라봅니다. 일에 몰두하고 있는 자신을 느껴 봅니다. 이처럼 느끼는 힘이 커질수록 의식의 깨어있음은 더욱 증대됩니다. 다른 일상적인 활동에서도 이와 같이 실천해 봅니다.

07 자기에게 맞는 방법을 적용해 보라

나의 상태에 어떤 방법이 바람직한가?

사람들은 자신에게 주어진 환경과 자신의 기질, 성격에 따라서 느끼는 스트레스 상태가 다릅니다. 그렇기 때문에 사람들에게 획일적으로 스트레스 해결방법을 적용한다면 그 효과는 바람직하지 못할 수 있습니다. 그러므로 우리가 일반적으로 사람들이 처하게 되는 4가지 스트레스 상태를 이해할 때 이에 대한 적절한 해결방법을 적용할 수 있을 것입니다. 그러면 스트레스 상태별로 그 의미와 해결방법을 정리해 보도록 하겠습니다.

↠ 이완상태 : 스트레스가 미미하거나 없는 상태

이완상태에 있는 사람들은 현재상황에 대하여 대체로 만족하고 있으며, 매사에 문제의식 없이 긴장이 풀어진 상태로 직장생활을 하는 경향이 있습니다. 이들은 스트레스가 미미하거나 거의 없는 상태이기 때문에 스트레스 해결방법에 대해서 별로 관심이 가지 않게 됩니다. 그러나 이 상태에서는 살아가면서 나태해지고 활력이 저하될 수 있음으로, 심신건강을 위하여 '운동과 취미활동'을 하는 것이 중요합니다.

↠ 일상상태 : 스트레스를 느끼며 사는 일반적 상태

일상상태에 있는 사람들은 대체로 현실지향적인 생각을 하고 살아가며, 특별한 힘든 일 없이 무난하게 직장생활을 하는 경향이 있습니다. 이들에게는 스트레스가 있더라도 큰 문제가 되지 않으며 이들 나름대로 잘 이겨내고 있습니다. 따라서 이 상태에 있는 사람들은 스트레스 해결방법에 대해 이야기를 해 주어도 특별한 기법에 대해 관심을 보이기는 하지만, 자신에게 절실하지 않기 때문에 지식적으로만 접근하지 실천을 잘 하지 않는 경우가 많습니다. 이 상태에 있는 사람들은 각자 취향에 맞는 일반적인 해소법을 찾아 꾸준히 실천하고, '마음운동'으로 심신관리를 보완해 나간다면 도움이 될 것입니다.

↠극복상태 : 삶이 힘들어 스트레스가 많은 상태

극복상태란 사람이 의도하는 바대로 일이 이루어지지 않고, 최선의 노력을 다해도 성과는 소망스럽지 못하여 심리적으로 위축되어 있는 상태입니다. 이런 상태에 있는 사람들은 직장에서 능력의 한계를 극복하려고 최선을 다합니다. 그리고 자기 스스로 스트레스 해결을 위해 좋은 방법을 찾으려고 노력하기 때문에, 새로운 방법에 대하여 매우 관심이 높고 배운 것을 실제로 실천하려고 합니다. 이런 사람들은 각자 취향에 맞는 일반적인 해소법을 찾아 꾸준히 실천할 필요가 있습니다. '마음운동과 자기성찰법'을 통해 심신관리를 보완해 나간다면 큰 도움이 될 것입니다.

↠좌절상태 : 삶의 고통을 느끼고 있는 상태

좌절상태는 사람이 아무리 노력을 해도 되는 일이 없어 심리적으로 좌절하게 된 상태를 말합니다. 이 상태에 있는 사람들은 삶의 고통이 심화되어 자신의 힘으로는 아무것도 할 수 없다고 생각하며 스스로 삶을 포기하고 싶어 합니다. 이 상태에서는 자신의 문제가 절실하다고 느끼기 때문에, 스트레스 해결방법에 대해 깊은 관심을 갖게 되고, '인간의 본질'에 대해서도 관심을 보이게 됩니다. 이들은 각자 취향에 맞는 일반적인 스트레스 해소법을 찾아 꾸준히 실천하면서 마음운동과 자기성찰법을 통해 심신을 관리해야 합니다. 또한 현실상황에 자신을 '내맡김'으로써 자신의 무거운 짐을 내려놓고 고통으로부터 벗어나야 합니다. 특히 좌절상태에서 부정적인 사고의 소유자일 경우에는 자신을 포기하고 세상을 탓합니다. 또한 의욕을 상실하고 삶의 나락으로 떨어지는 경우도 많습니다. 이제 스트레스 상태별 관심사항과 스트레스 상태별 해결단계에 대해 정리해 보고자 합니다.

스트레스 상태별 관심사항

구분	관심 사항
이완상태	문제의식이 별로 없고, 활력도 적은 상태로서, 스트레스를 별로 받지 않기 때문에, 스트레스 해소법에 대하여 관심이 적습니다. 업무 외적인 일에 관심이 큼
일상상태	자기 나름의 방법으로 스트레스를 해소하고, 특별한 방법에 관심은 갖지만, 자발적인 실천은 부족하며, 지식적으로만 취하는 경향이 있습니다.
극복상태	현재상황이 너무 힘들고 절실하기 때문에, 스트레스 해소방법에 대하여 큰 관심을 갖게 되고, 자발적으로 실천합니다.
좌절상태	더 이상 앞으로 나아갈 수 없는 상태이기 때문에, 절실하게 인간의 본질에 깊은 관심을 갖게 되고, 스트레스 해소방법을 자발적으로 실천합니다.

스트레스 상태별 해결단계

<table>
<tr><th>구분</th><th>1단계</th><th>2단계</th><th>3단계</th><th>4단계</th><th>5단계</th></tr>
<tr><td>이완상태</td><td rowspan="4">스트레스
관념이해</td><td>운동
취미생활</td><td>-</td><td>-</td><td>-</td></tr>
<tr><td>일상상태</td><td rowspan="3">일반적
해소법</td><td rowspan="3">마음운동</td><td>-</td><td>-</td></tr>
<tr><td>극복상태</td><td rowspan="2">자기성찰</td><td>-</td></tr>
<tr><td>좌절상태</td><td>내맡김</td></tr>
</table>

스트레스 상태에 관계없이 스트레스 관념에 대하여 철저하게 이해할 때, 스트레스에 대한 고정관념이 풀어지면서 스트레스가 해소될 가능성이 높습니다.
일반적 해소법은 사람들이 평소에 실천하는 일상적인 방법을 의미합니다.
내맡김은 현실상황에 자신을 내맡기는 것입니다.

나의 스타일에 적합한 방법은 무엇인가?

일반적으로 사람들이 행하고 있는 스트레스 해소방법에는 음주, 잠자기, 운동, 등산, 친구와 대화하면서 속마음 풀기, 각종 취미활동 등 여러 가지가 있습니다. 그러나 중요한 것은 무엇이든지 자기가 하고 싶은 것을 해야 재미있고 효과도 좋은 것입니다, 다른 사람이 아무리 좋다고 해도 내가 싫으면 아무 소용이 없습니다. 스트레스 해소방법도 자신의 스타일과 맞아야 하고 자기가 좋아서 해야 효과가 있는 법입니다. 자기는 원하지 않으면서도 단지 남이 하니까 그대로 따라 하고, 남이 좋다고 하니까 따라 하는 것은 효과가 높다고 볼 수 없습니다. 그러므로 효과적으로 스트레스를 해소하려면 자기에게 적합한 방법을 선택하여 행하는 것이 좋을 것입니다.

↠4가지 행동유형

사람들의 행동유형을 크게 4가지로-누구든지 상대방의 말, 행동, 제스처 등을 보고 판단할 수 있는 행동특성-나누어 볼 수 있습니다. 성질이 급하고 매사에 주도적이며 업무지향적인 사람, 일명 '주도형'이라고 칭하겠습니다. 남에게 말하기를 좋아하며 사람들과의 친화를 선호하는 사람, 일명 '사교형'이라고 칭하겠습니다. 변화보다는 안정을 추구하고 성품이 온화한 사람, 일명 '안정형'이라고 칭하겠습니다. 매사에 섬세하고 까다로우며 챙기

기를 잘하는 사람, 일명 '신중형'이라고 칭하겠습니다,

↠ 일상상태

일상적인 스트레스 상태에 있을 때, 성질이 급하고 매사에 주도적이며 업무지향적인 사람은 활동적인 '운동'을 통해서, 남에게 말하기를 좋아하며 사람들과의 친화를 선호하는 사람은 친구들과 자주 만나 '대화하기'를 통해서, 변화보다는 안정을 추구하고 성품이 온화한 사람은 골치 아픈 것을 잊기 위해 '잠'을 자든가 혼자 조용히 '산책'을 하든가 'TV시청' 등을 통해서, 매사에 섬세하고 까다로우며 챙기기를 잘하는 사람은 혼자 있으면서 '음악 감상' '독서' 등의 취미활동을 통해서 스트레스를 푸는 것이 좋을 것입니다.

↠ 극복상태와 좌절상태

스트레스를 극복해야 할 상태(일반적인 좌절상태 포함)에 있을 경우에는 본서에서 소개한 마음운동 중에서 '소리내기, 노래하기, 춤추기, 호흡하기' 등을 먼저 실천해 봅니다. 주도형과 사교형은 '외향적'인 유형이기 때문에 자신의 몸을 움직이면서 정체된 기운을 밖으로 내보는 것이 좋습니다. 따라서 역동적인 '노래와 춤'이 도움을 줍니다. 노래를 할 때에는 잘 불러야겠다는 의지와 감정을 빼고, 잘하면 잘하는 대로 못하면 못하는 대로 소리 나오는 그대로 온몸으로 뱃심으로 힘껏 부르는 것이 좋습니다. 춤을 출 때에는 노래할 때와 같이 잘 추어야겠다는 의지를 빼고 앞 장에서 소개한 6박자 춤을 추는 것이 좋습니다.

안정형과 신중형은 ‘내향적’인 유형이기 때문에 정적인 상태를 유지하면서 정체된 기운을 밖으로 내보는 것이 좋습니다. 이때 ‘소리내기와 호흡하기’가 도움이 됩니다. 소리내기를 할 때에는 입을 크게 벌리고 ‘아이우에오’의 모음을 차례로 아랫배에서부터 입을 통해 소리를 내면 됩니다. 심신에 정체되었던 탁한 기운이 빠져나가 심신이 가벼워짐을 느끼게 됩니다. 이때 소리내기는 일어선 자세에서 해야 더욱 도움이 됩니다. 호흡하기는 기존의 호흡법과 다릅니다. 의자에 허리를 펴고 앉아서 들숨을 쉴 때에는 ‘흠’소리를 내면서 코로 들이쉬고, 날숨을 쉴 때에는 ‘파’소리를 내면서 입으로 내쉽니다. 이러한 ‘흠파’동작을 10번 이상하면 됩니다. 그리고 시간을 내어 옥상에 올라가, 서있는 자세로 호흡하기를 할 수도 있습니다. 이 호흡하기를 통해 심신에 쌓인 스트레스성 기운을 밖으로 빼주게 되어 심신이 가벼워짐을 느끼게 됩니다.

위에서 소개한 방법을 통해 심신이 가벼워지면 행동유형에 관계없이 공통으로 마음운동 중의 다른 행법(5장의 여러 가지 행법을 실천하라 참조)들을 직장에서, 가정에서, 운동 전후에, 시간이 나는 대로 꾸준히 실천합니다. 물론 위에서 소개한 소리내기, 노래하기, 춤추기, 호흡하기와 함께 병행해도 도움이 됩니다. 그 결과 의식의 깨어있는 힘이 증대됩니다. 주의집중력도 향상됩니다. 이런 힘이 커지면 자기성찰법을 매사에 실천하는 것입니다.

➻ 좌절상태

삶의 고통을 느끼고 있는 극한적인 좌절상태에 있을 경우에는 더 이상 나아갈 수 없는 심리적 상태에 있게 됩니다. 나의 노력만으로는 한계가 있다는 점을 인정하게 됩니다. 이때에는 '내맡김'이 필요합니다. 자신을 굳게 믿고 자신이 처해 있는 현재상황에 자신을 내맡겨 버리는 것입니다. 지금까지 혼란스러웠던 마음이 편히 쉬게 됩니다.

다음은 여러분들의 이해를 돕기 위해 '행동유형별 스트레스 해결방법'에 대하여 정리한 것입니다.

행동유형별 스트레스 해결방법

<table>
<tr><th>구 분</th><th>일상상태</th><th colspan="2">극복상태+좌절상태</th><th>좌절상태</th></tr>
<tr><td>주도형</td><td>운동</td><td rowspan="2">노래하기
춤추기</td><td rowspan="4">마음운동의
다른 행법
자기성찰법</td><td rowspan="4">내맡김</td></tr>
<tr><td>사교형</td><td>대화하기</td></tr>
<tr><td>안정형</td><td>잠, 산보</td><td rowspan="2">소리내기
호흡하기</td></tr>
<tr><td>신중형</td><td>음악, 독서</td></tr>
</table>

노래하기, 춤추기, 소리내기, 호흡하기를 실천해 본 후, 마음운동의 다른 행법과 자기성찰법을 함께 실행합니다.
내맡김은 현실 상황에 자신을 맡기는 것입니다.

●➜스트레스 해결 공식(公式)

우리는 직장에서 스트레스를 심하게 받게 되면 부정적 감정에 휘둘리게 되고 온갖 잡생각이 머리에서 떠나지를 않습니다. 직장생활은 괴로워지고 활력은 저하됩니다. 그렇다고 직장을 그만둘 수도 없는 것이 현실입니다. 물론 시간이 지나면서 문제가 해결되어 풀어 질 수도 있고, 스스로 문제를 풀 수도 있습니다. 하지만 이러한 과정 속에서 옆에 있는 동료들과 가족들에게 너무나 많은 정신적인 피해를 주게 됩니다. 동료나 가족이 위로를 한다고 해도 일시적으로 위안은 되겠지만 그 위안은 위안으로 끝나기 마련입니다. 따라서 우리는 힘은 들지만 자기 스스로 스트레스를 해결해야 합니다. 물론 힘이 들면 만사가 귀찮아지고 새로운 생각을 하기도 싫어집니다. 그러면 더욱 나쁜 상황으로 빠지게 됩니다. 그러므로 그러한 상황이 귀찮고 생각하기 싫어도 자신은 물론 주위사람을 위해서도 새롭게 마음을 다져야 합니다. 이때 스트레스 해결에 도움이 되는 어떤 지침이 있다면 다소나마 도움은 되겠지요. 다음은 바로 이런 분들을 위한 하나의 스트레스 해결 지침이 될 것입니다.

우리는 스트레스가 발생하는 근본 원인을 명확히 이해해야 합니다. 어느 누구나 살아가면서 세상이 이렇게 되었으면 하는 이상(理想), 일이 바라는 대로 이루어 졌으면 하는 기대, 사람은 이렇게 행동하는 것이 바람직한 것이라는 삶의 기준, 직장에서는 이렇게 하는 것이 바른 것이라고 생각하는 직장관 등의 '관념'을 가지고 있습니다. 따라서 이러한 자신의 이상, 기대, 희망, 삶의 기준, 직장관 등의 관념(a)에 부합되는 현실(b)이 눈앞에 나타나면 만족스럽고 즐거운 삶이 되는 것입니다. 반면에 관념(a)에 부합되지 않는 현실(b)을 맞이하게 되면 짜증, 화, 원망, 미움, 걱정, 상실감, 불안, 두려움 등의 감정 내지 스트레스(c)가 발생하여 불만족스럽고 고통스러운 삶이 되는 것입니다.

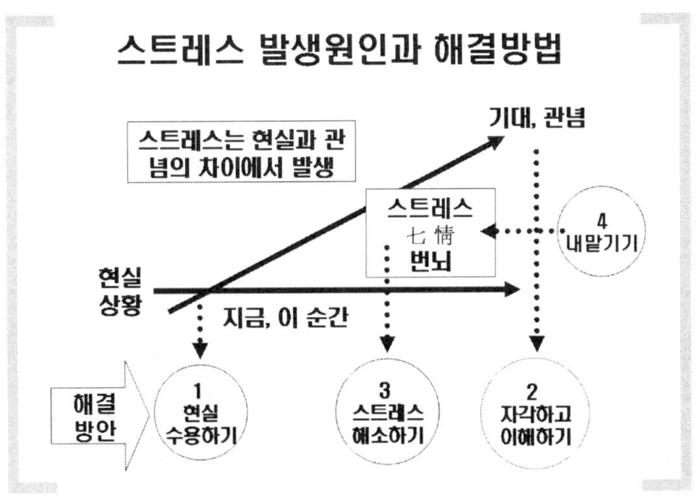

위의 내용을 정리하면 현실, 관념, 스트레스라는 3가지 구도(構圖)로 집약됩니다. 각 개념의 이해를 통해 스트레스 해결 방식을 알아보겠습니다.

현실을 있는 그대로 이해하고 받아들인다

첫째, 올라오는 스트레스를 근본적으로 해결하는 방법은 현재 자신이 처해 있는 상황이 어떠하든지 이를 받아들이고 이해하는 것입니다. 우리가 현실을 받아들이고 이해하게 되면 스트레스는 발생하지 않습니다. 반면에 우리가 현실을 받아들이지 않고 이해하지도 못한다면 스트레스를 받게 됩니다. 특히 현실에 저항할수록 스트레스는 더욱 강해집니다. 여기서 우리는 현재 처한 현실을 전적으로 받아들이는 자세가 중요합니다. 그러나 대부분의 사람들은 이렇게 행동하기가 거의 불가능합니다. 왜 그럴까요? 지금까지 쌓아온 이상, 기대, 희망, 삶의 기준, 직장관 등의 관념이 작동하여 현실을 있는 그대로 수용하지 못하게 하기 때문입니다.

자신의 고정관념을 이해한다

둘째, '화' '짜증' '고통' '원망' '불쾌감' '두려움' '공포' '불안' '걱정' '미움' '시기' 등과 같은 감정 내지 스트레스를 자각하고 '이상, 기대, 희망, 삶의 기준, 직장관' 등의 관념을 이해하는 일입니다. 이러한 감정이 아무리 강하게 일어나더라도 감정에 휘둘리지 말고 올라오는 감정을 알아차리고, 왜 이런 감정이 일어나는 지를 철저히 파악해 보십시오. 감정의 끝자리에는 현실을 분별하고 판단하는 관념의 잣대가 자리 잡고 있음을 알게 됩니다. 바로 이러한 관념에 현실이 부합되지 못하기 때문에 스트레스가 발생한다는 점을 이해해야 합니다. 어떤 상황에서도 스트레스가 발생할 때 꾸준히 자신의 관념을 이해하고 나아간다면 고착되었던 관념이 풀어지게 됩니다. 동일한 상황에 직면하더라도 예전과 같이 고정관념의 작동이 약화되기 때문에 스트레스를 미미하게 느끼게 됩니다. 스트레스가 올라오더라도 올라오는 스트레스를 바라보며 "또 올라오는구나." 하고 알아차리면 힘을 잃고 사라집니다. 스트레스 예방을 위해 무엇 무엇을 해야 한다는 강박관념 없이 자연스럽게 스트레스를 예방하게 됩니다. 이 단계는 가정에서든, 직장에서든, 어떤 상황에서든 부정적 감정을 일으키는 근본 원인이 자신의 고정관념이라는 사실을 명확히 이해하면 됩니다. 그런데 여러분들은 대부분 부정적인 감정이 일어나면 긍정적인 감정으로 변화시키려고 의도적인 노력을 기울입니다. 즉 긴장하게 되면 이완하려고 노력합니다. 불편하면 편안해 지려고 노력합니다. 그러나 거의 성과가 없었다는 것을 여러 경험을 통해 알게 됩니다. 단지 겉으로는 바뀐 것 같지만, 속으로는 억압받고 있을 뿐입니다. 따라서 우리는 고정관념의 이해를 통해서만이 부정적 감정이 사라진다는 점을 분명히 인식해야 할 것입니다.

자신에게 적합한 스트레스 해소방법을 꾸준히 실천한다

셋째, 현실을 있는 그대로 수용하는 것도 힘들고, 고정관념을 이해하는 것도 용이하지 않다면, 일반적인 해소방법으로 심신에 쌓인 스트레스를 풀어내는 일입니다. 스트레스를 제때에 풀어내지 않으면 스트레스가 쌓이고 쌓여 몸과 마음이 지치고 병들게 된다는 사실을 유념해야 합니다. 스트레스 해소방법은 헤아릴 수 없을 정도로 다양합니다만 자신에게 맞는 방법을 선택해서 꾸준히 실천하며 됩니다. 남들이 좋다고 해서 아갈 필요는 전혀 없습니다. 달리기가 좋다고 해서 나도 달리기를 따라 할 필요는 없습니다. 자전거타기가 좋다면 자전거를 타면 되는 것입니다. 스트레스 해소방법을 단지 스트레스를 해소시키는 방법으로만 생각하지 마십시오. 몸과 마음에 활력을 주고 기분을 전환시키는 활동으로 생각하고 꾸준히 실천하십시오.

스트레스 상황에 자신을 전적으로 내맡긴다.

넷째, 현재의 스트레스 상황에 자신을 내 맡기는 일입니다. 계속되는 삶의 문제가 자신의 노력으로 해결되지 않고 이제는 어찌할 도리가 없는 지경까지 왔을 때, 더 이상 머리로 해결하려고 하지 말고 아랫배에 힘을 주고 자신을 스트레스 상황에 완전히 내맡기는 것입니다. 이때 머리가 쉬게 되고 심신이 이완됩니다. 그리고 평온함을 느끼게 됩니다. 스트레스 상황에 자신을 내맡긴다는 것은 고정관념의 작동을 쉬게 하는 것입니다. 자신을 텅 비우는 것입니다. 아만에 빠져있던 자신을 내려놓는 것입니다. 스트레스 상황 속으로 뛰어 들어가 쉬는 것입니다. 이성을 초월한 직관에 맡기는 것입니다.

스트레스 해결 공식 ;

1. 현실을 있는 그대로 이해하고 받아들인다.
2. 자신의 고정관념을 이해한다.
3. 자신에게 적합한 스트레스 해소방법을 꾸준히 실천한다.
4. 스트레스 상황에 자신을 전적으로 내맡긴다.

지금까지 검토한 방법은 '스트레스는 자기로부터 발생된다는 점'에 포인트를 두고 전개한 것입니다. 스트레스를 자신이 만든 것이 아니고, 외부 환경 내지 사람이 나에게 스트레스를 가했다고 생각하는 한, 절대 스트레스로부터 벗어날 수 없습니다. 그러므로 여러분들은 이러한 점을 명심하고, 스트레스 해결을 위한 접근이 이루어져야 할 것입니다.

➻스트레스 해결을 위한 접근 방법

이번에는 직장에서 현재 겪고 있는 스트레스를 자기 스스로 해결할 수 있도록, 앞에서 검토한 스트레스 해결공식 중에서 2단계(자신의 고정관념을 이해한다)를 중심으로 한 접근 방법에 대하여 살펴보겠습니다. 자신이 직접 스트레스와 관련된 내용을 작성해 가면서 체득해 보도록 하겠습니다. 백지 한 장을 꺼내어 차분하고 진지한 마음으로 다음 순서에 따라서 정리해 보십시오.

첫째, 현재 휘둘리고 있는 자신의 감정을 적어보십시오.
둘째, 어떤 상황이 이런 감정을 일으키게 했는지 적어보십시오.
셋째, 이러한 상황을 수용하지 못하는 이유를 적어보십시오.
넷째, 이러한 상황에서 작동되는 자신의 이상, 기대, 삶의 기준, 직장관 등의 관념을 적어보십시오.
다섯째, 자신의 고정관념으로 인해 어떤 감정이 일어났다는 점을 명확히 이해하십시오.
여섯째, 살아오면서 발생한 수많은 감정들이 사실은 외부 상황으로부터가 일어난 것이 아니라, 자신의 관념으로 인해 발생했다는 사실을 인정하고 어처구니없었음에 미소한번 지으십시오.
일곱째, 동일한 감정이 일어날 때마다 자신의 관념을 재점검하십시오. 꾸준한 실천으로 고착된 관념이 풀어집니다. 과거와 같은 동일한 스트레스 상황에 부딪쳐도 유연하게 대처하게 됩니다.

위와 같은 방법으로 여러분들이 직장에서 발생하는 스트레스를 해결해 나가는데 하나의 지침으로 삼고 실천해 나간다면 도움이 될 것입니다. 다음에 예시(例示)되는 '직장에서 발생하는 스트레스 상황'들은 각종 매체에서 자주 발표되고 필자가 현장에서 직접 조사한, '직장인 스트레스 가운데 직장인들이 가장 많이 느끼는 스트레스 상황'중에서 몇 가지 선택한 것입니다. 그리고 여러분들이 스트레스를 해결하는데 도움이 되도록 스트레스 상황에 대한 단계별 검토내용을 구체적으로 정리했습니다. 따라서 여러분들이 직장에서 실제로 접하게 되는 다양한 스트레스 사례를 직접 검토해 봄으로써, 다른 스트레스 상황에서도 자신의 관념을 이해하고 스트레스를 해결해 나갈 수 있는 능력을 키울 수 있을 것입니다.

본 스트레스 해결방안은 자신의 관념에 대한 철저한 이해를 통해 해결해 나가는 것입니다. 따라서 사례를 읽을 때에는 각 상황에서 일어나는 감정은 자신의 관념으로 인해 발생한다는 점을 이해하며 읽으십시오. 그리고 각 사례를 검토해 가는 과정에서, 여러분들의 또 다른 의견이 있으면 각 항목별로 「공란」에 추가로 정리해 보십시오. 다양한 사례를 검토하는 과정을 통해서 여러분들은 현실에서 작동하는 자신의 고정관념을 철저히 보게 될 것입니다. 그 고정관념이 자신을 힘들게 한다는 점을 명확히 확인하게 될 것입니다.

➻업무상 상사, 동료와의 갈등이 발생할 때

현재 휘둘리고 있는 자신의 감정 : 자존심 손상, 미움, 화

이러한 감정을 일으키게 한 상황 : 업무 추진과정에서 의견의 불일치, 자신의 의견이 무시당함

이러한 상황을 수용하지 못하는 이유 : 상대방으로부터 무시당했다는 느낌이 들고, 자존심이 상하기 때문에

자신의 이상, 기대, 삶의 기준, 직장관 등의 관념 : 사람은 누구나 상대방의 의견을 존중해야 한다. 대화할 때에는 누구나 자신만을 위한 언행은 삼가야 한다. 직장에서는 항상 도움을 주고 배려하는 마음을 가져야 한다. 나는 상대방과 갈등을 일으키는 사람이 아니다.

관념 이해 : 나의 관념대로 상황이 전개되지 않았기 때문에 자존심이 상하고, 상대방이 미워졌으며, 화가 났다는 것을 명확히 이해한다. 사람들은 나와 생각이 같을 수 없다는 점을 이해하고 받아들인다. 상대방도 같은 생각을 한다는 점을 인정한다.

인정하기 : 자존심이 상하고, 상대방이 미워지고, 화가 난다는 것은 업무상 갈등으로 발생한다고 생각되지만, 사실은 자신의 관념 때문이라는 점을 인정한다.

↦상사로부터 심한 질책을 받을 때

현재 휘둘리고 있는 자신의 감정 : 불쾌감, 화, 불안

이러한 감정을 일으키게 한 상황 : 업무수행 과정에서 상사로부터 심한 질책을 받음

이러한 상황을 수용하지 못하는 이유 : 기분이 상해서

자신의 이상, 기대, 삶의 기준, 직장관 등의 관념 : 상사는 부하를 잘 지도해 주어야 한다. 상사는 부하의 의견에 귀를 기울이고 존중해야 한다. 상사는 부하의 입장에서도 생각해 보아야 한다. 상사는 부하가 잘 못했어도 감싸주는 배려가 필요하다.

관념 이해 : 나의 관념대로 상황이 전개되지 않았기 때문에 불쾌감, 화, 불안 등이 일어난 점을 명확히 이해한다. 그리고 상사가 직위는 높지만 인간적인 면에서 의식의 성숙도가 떨어질 수 있다는 점을 이해하고 받아들인다.

인정하기 : 불쾌감, 화, 불안은 상사의 질책 때문에 발생한다고 생각되지만, 사실은 자신의 관념 때문이라는 점을 인정한다.

↠단순 반복적으로 비전 없는 업무를 할 때

현재 휘둘리고 있는 자신의 감정 : 짜증

이러한 감정을 일으키게 한 상황 : 반복적인 일상 업무

이러한 상황을 수용하지 못하는 이유 : 지루한 업무의 수행, 수준에 맞지 않은 업무의 수행

자신의 이상, 기대, 삶의 기준, 직장관 등의 관념 : 단순 반복적인 업무를 할 사람은 따로 있는 법이다. 나는 단순 반복적인 업무를 할 정도의 사람은 아니니다. 나를 이러한 일을 하려고 직장에 들어온 것은 아니다. 나는 창의적인 업무를 잘 할 수 있다. 나는 이런 일에 만족할 수 없다.

관념 이해 : 나의 관념대로 상황이 전개되지 않았기 때문에 짜증이 발생함을 명확히 이해한다. 그리고 조직의 일이라는 것은 단순한 것도 있고, 복잡한 것도 있다는 점을 이해하고 받아들인다. 항상 단순한 일만 하는 것은 아니라는 점을 이해한다. 누군가는 이런 일을 해야 한다는 점을 수용한다.

인정하기 : 짜증은 단순 반복적인 업무로 인해 발생한다고 생각되지만, 사실은 자신의 관념 때문이라는 점을 인정한다.

➻업무성과가 좋지 않을 때

현재 휘둘리고 있는 자신의 감정 : 걱정, 불안, 두려움

이러한 감정을 일으키게 한 상황 : 업무성과의 미흡

이러한 상황을 수용하지 못하는 이유 : 목표에 대한 책임감

자신의 이상, 기대, 삶의 기준, 직장관 등의 관념 : 업무 성과가 좋아야 승진, 연봉책정에 도움이 된다. 인정을 받으려면 반드시 업무 성과가 좋아야 한다. 열심히 일하면 당연히 좋은 결과가 나와야 한다.

관념 이해 : 나의 관념대로 상황이 전개되지 않았기 때문에 걱정, 불안, 두려움이 발생함을 명확히 이해한다. 노력해도 결과가 바람직하지 않을 수도 있는 사실을 이해하고 받아들인다. 자신만 그렇지 않다는 점을 생각해 본다.

인정하기 : 걱정, 불안, 두려움은 성과가 좋지 않아서 발생한다고 생각되지만, 사실은 자신의 관념 때문이라는 점을 인정한다.

➻업무량이 많아 장시간 근무해야 할 때

현재 휘둘리고 있는 자신의 감정 : 짜증, 피로

이러한 감정을 일으키게 한 상황 : 장시간 근무

이러한 상황을 수용하지 못하는 이유 : 자기 시간이 없음

자신의 이상, 기대, 삶의 기준, 직장관 등의 관념 : 직원들이 할 수 있는 적당량의 업무가 배정되어야 한다. 시간이 되면 퇴근하는 것이 원칙이다. 일이 많으면 인원을 충원해야 한다. 나는 이렇게 일하려고 입사한 것이 아니다. 나는 퇴근 후 자기개발을 해야 한다.

관념 이해 : 나의 관념대로 상황이 전개되지 않았기 때문에 짜증, 피로가 발생한다는 점을 명확히 이해한다. 그리고 조직은 일이 많다고 반드시 충원하지 않으며, 저비용 고효율을 위해 적은 인원으로 많은 성과를 내려는 방침을 이해하고 받아들인다. 이를 거부할수록 더욱 힘들어지게 된다.

인정하기 : 짜증, 피로는 오랫동안 근무하기 때문에 발생한다고 생각되지만, 사실은 자신의 관념 때문이라는 점을 인정한다.

↠적성에 맞지 않는 일을 할 때

현재 휘둘리고 있는 자신의 감정 : 짜증, 피로

이러한 감정을 일으키게 한 상황 : 적성에 맞지 않는 업무의 수행

이러한 상황을 수용하지 못하는 이유 : 재미와 비전이 없음

자신의 이상, 기대, 삶의 기준, 직장관 등의 관념 : 적성에 맞는 일을 해야 일이 즐거운 법이다. 적성에 맞지 않은 일을 한다는 것을 피곤한 일이다. 나는 이러이러한 적성을 가지고 있는 사람이다.

관념 이해 : 나의 관념대로 상황이 전개되지 않았기 때문에 짜증, 피로가 발생한다는 점을 명확히 이해한다. 그리고 조직은 인사배치할 때 반드시 적성에 맞는 부서에 배치하는 것만은 아니라는 점을 이해하고 받아들인다. 이를 거부할수록 더욱 힘들어지게 된다. 인내하면서 때를 기다린다.

인정하기 : 짜증, 피로는 적성에 맞지 않는 일을 하기 때문에 발생한다고 생각되지만, 사실은 자신의 관념 때문이라는 점을 인정한다.

↠불확실한 미래를 생각할 때

현재 휘둘리고 있는 자신의 감정 : 두려움, 불안, 걱정

이러한 감정을 일으키게 한 상황 : 미래의 불확실성

이러한 상황을 수용하지 못하는 이유 : 준비 부족

자신의 이상, 기대, 삶의 기준, 직장관 등의 관념 : 미래의 불확실성에 철저히 대비하는 것이 현명한 일이다. 미래를 대비하지 않으면 고통스런 삶이 될 수 있다. 미래를 대비하지 않으면 먹고살기가 매우 힘든 일이다. 미래는 내가 만들어 가는 것이지, 남이 해결해 주는 것이 아니다.

관념 이해 : 나의 관념에 반하지 않도록 준비해 나가지만, 뜻대로 되지 않을 수도 있다는 생각 때문에 두려움, 불안, 걱정이 발생한다는 점을 이해한다. 준비는 철저히 하되 너무나 미래에 대해서 생각하지 않도록 한다. 미래는 미완성이라 어떻게 전개될지 그때 가보아야 아는 일이다.

인정하기 : 두려움, 불안, 걱정을 하는 것은 불확실한 미래에 대한 준비가 부족하고, 어떻게 될지 모른다는 사실 때문이지만, 사실은 자신의 관념 때문이라는 점을 인정한다.

↠스트레스를 많이 받는 서비스업에 근무할 때

현재 휘둘리고 있는 자신의 감정 : 화, 짜증, 불쾌감, 피로감

이러한 감정을 일으키게 한 상황 : 고객의 무례함, 고객과 말을 많이 해야 함, 동일한 언행을 반복해야 함

이러한 상황을 수용하지 못하는 이유 : 자존심 손상, 업무의 단조로움, 심신이 피곤함

자신의 이상, 기대, 삶의 기준, 직장관 등의 관념 : 고객이 왕이라고 하지만 나 또한 존중받아야 할 인격체이다. 고객도 상담자에게 인간 대우를 해 주어야 한다. 나는 지금 어쩔 수 없어 이 일을 하지만 더 좋은 기회가 오면 즉시 이일을 그만둘 것이다.

관념 이해 : 나의 관념대로 상황이 전개되지 않았기 때문에 화, 짜증, 불쾌감, 피로감이 발생한다는 점을 명확히 이해한다. 그리고 고객은 별의 별 사람이 있다는 점과 나와 같은 사람은 전혀 없다는 사실을 이해하고 받아들인다. 업무 자체가 고객과 말을 많이 해야 하고, 고객의 불만으로 항상 부딪쳐야 하는 일이기 때문에, 마음을 단단히 먹고 대처해 나가야 한다. 지금 하는 일의 선택은 전적으로 자신이 선택한 것임을 자각하는 것이 중요하다. 이러한 점을 거부할수록 더욱 힘들어 지게 된다.

인정하기 : 화, 짜증, 불쾌감, 피로감은 고객으로부터 무시를 당하고, 단조롭고 반복적인 업무이기 때문에 발생한다고 생각되지만, 사실은 자신의 관념 때문이라는 점을 인정한다.

* 스트레스를 많이 받는 서비스업의 예;
유통점 판매원, 고객 상담원, 서비스센터 상담원, 기타

08 현재의 스트레스 상태를 진단해 보라

나의 스트레스 지수는?

다음의 문항을 읽으면서 최근 시점 기준으로 자신에게 해당되는 항목이 있으면 ○, 해당되지 않으면 ×, 애매하면 △ 표시를 하십시오.

1. 내가 한 일에 대해 공평무사한 보상이 이루어지지 않는 것 같다.
2. 업무목표 대비 실적 부진으로 인하여 부서의 분위기가 침체되어 있다.
3. 월급날 내가 받는 수령액을 보면 정말 한심한 생각이 든다.
4. 나는 상사로부터 능력이나 재능이 제대로 인정받지 못하고 있는 것 같다.
5. 상사의 지침이 비합리적이고 나의 신념과 상충되는 경우가 많아 상사와의 갈등이 자주 발생한다.
6. 나는 상사로부터 업무 결과에 대한 비판을 자주 듣는다.
7. 나의 제안과 아이디어가 제대로 평가되지 못하고, 가끔 상사에게 묵살되고 있다.
8. 나는 동료와 업무수행에 있어 관점의 차이로 다툼을 자주 벌이는 편이다.
9. 부서 내 동료간의 경쟁이 매우 호전적이고 치열해 자주 불안감이 느껴진다.
10. 나는 동료들과 강한 경쟁의식으로 일에 승부를 걸고 일하

는 편이다.

11. 나는 동료들과 인간관계가 원만하지 않아 일하는데 어려움을 겪고 있다.

12. 나는 업무수행에 있어 능력부족 내지 한계를 자주 느끼고 있다.

13. 나는 업무수행에서 실수를 할 경우 위험부담이 많은 일을 하고 있다.

14. 업무수행에 있어서 내가 맡은 역할이 명확하지 않고 매우 애매모호하다.

15. 바람직하지 못한 업무 방침으로 업무목표달성에 무리수가 많이 따른다.

16. 나는 너무나 과중한 업무로 인해 심신이 시달리고 있다.

17. 나는 현재 단순 반복적이고 지루한 업무를 하고 있다.

18. 나는 꽉 짜인 스케줄, 촉박한 마감 내지 납기일에 기는 경우가 많은 편이다.

19. 나의 직책 또는 내가 맡고 있는 업무에 비해 책임이 너무 크기 때문에 부담스럽다.

20. 나는 고용 보장이 되지 않아, 언제 직장을 떠나게 될지 심리적 위협을 느끼고 있다.

21. 최근에 내가 맡은 업무와 관련된 문제가 자주 발생해 불안하다.

22. 지금 하고 있는 일은 어떤 사람에게는 바람직한 일로 보이지만 나에게는 그렇지 않게 느껴진다.

23. 직무상에서 새로운 지식이나 기술을 배우거나 신장시킬 기회가 없는 편이라 가끔 불만스럽다.

24. 개인적으로 시도하는 일마다 뜻대로 되지 않는다.

25. 나는 어떤 형태의 운동도 거의 하지 않고 있다.
26. 삶의 성공을 돈과 지위, 명예에 두고 자신을 뒤 돌아 볼 시간 없이 앞을 위해 전진하고 있다.
27. 자기개발을 게을리 하면 직장에서 뒤쳐질 것 같다는 생각이 자주 든다.
28. 나는 시간에 쫓기면서 생활하는 경우가 많다.
29. 가족 중에 한 사람이 반사회적인 행동(비행, 폭력, 도박)을 했거나, 최근 집안에 부모상(喪), 결혼, 이혼 등의 대소사를 치렀다.
30. 나는 가족의 건강문제로 신경을 많이 쓰고 있다.
31. 나는 불확실하고 불투명한 미래에 대해 생각하면 가슴이 답답하다.
32. 나는 금융상의 손실, 도난 등을 당해서 개인 재산에 타격을 받았거나, 현재 많은 금액의 신용카드가 연체되어 있다.

문항에 표시를 다하였으면 ○, ×, △ 별로 표시된 개수를 각각 합산한 다음, 아래 집계표의 개수 란에 ○, ×, △ 별로 개수를 각각 기입합니다. 그리고 ○는 1점, ×는 0점, △는 0.5점을 주어 계산하고, 각각의 점수를 합산하십시오. 합산된 점수는 바로 자신의 스트레스 지수가 됩니다.

집계표

구분	○	×	△	점수 합계
개수				
점수	1	0	0.5	
점수계				

나는 어떤 상태의 스트레스 수준에 해당되는가?

↠스트레스 지수와 상태

스트레스 진단을 통해 계산된 점수를 '스트레스 지수표'에서 해당되는 지수에 체크해 보십시오. 체크한 지수가 바로 자신의 스트레스 상태입니다. 자신의 스트레스 상태를 확인한 다음, 해당되는 스트레스 지수별 상태를 읽어보십시오.

스트레스 지수표

지수	7점 이하	8 - 16점	17 - 24점	25점 이상
상태	이완	일상	극복	좌절

↠스트레스 지수별 상태

❙ 스트레스가 없거나 미약한 이완상태 : 7점 이하

- 몸과 마음이 매우 이완된 상태이다.
- 매사가 권태롭고 무기력하다.
- 문제의식이 없고 소극적이며 나태한 상태이다.
- 활력부족으로 업무효율이 저하된다.

❙ 스트레스가 적당한 일상상태 : 8점 ~ 16점 이하

- 직장인들이 일반적으로 겪는 스트레스 상태이다.
- 직장생활이 힘들었다가 할만했다가 하는 마음이 수시로 교

차한다. 참고 견디면서 직장생활을 하는 상태이다.

- 활력이 넘치고 정신적 각성으로 높은 에너지를 유지한다.
- 날카로운 지각력을 유지하며 평온함을 갖는다.
- 업무수행 능력이 향상되고 업무효율이 극대화된다.

▍스트레스가 많은 극복상태 : 17점 ~ 24점 이하

- 스트레스를 극복하려는 상태이다.
- 불안하고 매사에 무관심해지며 실수를 자주 한다.
- 판단력이 저하되며 명료성이 부족해진다.
- 성과에 대한 자신의 한계를 인식한다.
- 업무수행 능력이 저하된다.

▍스트레스가 심각한 좌절상태 : 25점 이상

- 심리적으로 좌절된 상태이다.
- 더 나아갈 수 없는 상황에 부딪치게 된다.
- 고통스럽고 불안하며 걱정이 많고 두려움에 휩싸인다.
- 몸에 각종 나쁜 증세가 나타나 근무태도가 부실해 진다.
- 업무수행 능력이 부실해 지고 심신이 무력해 진다.

↦스트레스 상태별 적용

7장의 '나의 상태에 어떤 방법이 바람직한가?'를 다시 읽어보십시오. 정리된 4가지 스트레스 상태 중에서 자신이 해당되는 스트레스 상태에 대한 의미와 스트레스 해결방법을 참고하면 도움이 될 것입니다.

↠자기관리 방향

스트레스가 많은 극복상태와 스트레스가 심각한 좌절상태에 해당할 경우에는, 아래에 정리된 내용을 참고로 하여 스트레스를 관리해 나가는데 도움이 되었으면 합니다.

- 자기가 맡은 일에 대하여 최선의 노력을 다하되, 자신의 한계를 인식하고 꾸준히 자기개발에 힘쓴다.
- 기회가 올 때까지 참고 기다리는 자세를 견지하고 미래를 준비한다.
- 자신을 수시로 돌아보는 성찰의 시간을 갖는다.
- 인간의 본질에 대해 이해하고, 삶의 의미를 성찰해 본다.
- 스트레스의 근본원인은 바로 자신임을 자각한다.
- 자신이 처한 현실을 받아들이고 이해하는 자세를 갖는다.
- 스트레스는 적이 아니라 인간을 성숙시킨다는 점을 깨닫는다.
- 자기가 좋아하는 취미, 운동을 생활화하도록 한다.
- 자신의 관념에 어떤 문제가 있는지 살펴보고 정화시켜 나간다.

본 스트레스 진단은 필자가 운영하는 '사이버 스트레스 진단 사이트'의 300개 문항 중에서 32개 문항을 선정한 것입니다. 따라서 진단 문항이 적기 때문에 적중도가 다소 떨어질 수 있다는 점을 유념해 주십시오. 보다 더 종합적이고 상세한 진단과 결과를 원한다면, '사이버 스트레스 진단' 유료 사이트를 이용(http://www.allq.co.kr)하면 도움이 될 것입니다.

“글을 마치며”

처음에 글을 쓰기 시작했을 때에는 언제 이 글이 끝날까, 제대로 정리된 글을 쓸 수 있을까, 과연 독자들에게 도움을 줄 수 있을까, 망설이면서 쓰기 시작했는데, 벌써 글을 마치게 되었습니다. 아직도 부족하고 보완해야 할 점은 많으나 무한경쟁시대에서 살아가고 있는 직장인들을 위해 한 가지라도 도움이 되었으면 하는 일념으로 이 글을 썼습니다. 부디 이 글을 읽은 분들 모두, 스트레스를 스스로 해결할 수 있는 힘이 길러지기를 바랍니다. 스트레스는 자기 자신이 아니면 그 어느 누구도 해결해 줄 수 없다는 점을 명심하고, 이 책에서 제시한 여러 방편들 중에서, 자기에게 맞는 것을 선택하여 꾸준히 실천하기를 바랄 뿐입니다. 과거 어느 철인(哲人)은 “너 자신을 알라!” 고 말했습니다. 바로 자신을 알 때, 즉 자신의 본질을 알 때, 이를 통해 스스로 쌓아온 고착된 관념이 정화될 때, 삶의 고통과 스트레스로부터 벗어날 수 있을 것입니다. 그리하여 행복하고 활기 넘치는 삶을 살아갈 수 있을 것입니다. 못 다한 글은 후일 다른 책에서 정리할 생각입니다. 끝까지 읽어주심에 감사드리옵고 평온하십시오.

丁亥年 새해 아침에 맹산을 바라보며

隱靑 전 현 두

“참고 자료”

- 단지 바라보기만 하라, 인경 역, 도서출판 길
- 마음은 도둑이다, 김윤 역, 침묵의 향기
- 묵담과의 대화, 한울림명상센타
- 반야심경과 생명의학, 장순용 역, 고려원
- 불교 심리학, 박태섭 역, 시공사
- 불교 임상심리학, 일진 역, 불광출판부
- 사람은 늙지 않는다, 이균형 역, 정신세계사
- 삶의 빛을 찾는 사람들에게, 데비 포드 저, 사람in
- 심신의 건강과 자기실현, 이영재 역, 양진문화사
- 스트레스의 극복, 키이스 W. 세네트 저, 보이스사
- 스트레스에 대처하는 방법, 김정희 역, 상원사
- 스트레스 프로파일, 한국교육컨설팅연구소
- 유식 30송, 서광 스님 저, 불광출판부
- 있는 그대로, 정창영 역, 한문화
- 지금 이 순간을 살아라, 에크하르트 저, 도서출판 양문
- 지혜의 책, 오쇼 저, 김우정 역, 여강출판사
- 최신 스트레스관리, 배수진 저, 학문사
- 탄트라 비전, 오쇼 저, 이연화 역, 태일출판사
- 통찰의 체험, 현음 스님, 이금주 공역, 도서출판 한길
- DISC Profile, 한국교육컨설팅 연구소
- TA OK 훈련텍스트, 김현주 편역, 금강출판사

“저자 소개”

전 현두 (호; 隱靑) 庚寅生

전현두스트레스연구소 / 한국심리적성센타 원장

덕수상업고등학교 졸업
건국대학교 법학과 졸업
삼성그룹 (삼성생명, 삼성전자) 근무 등 직장 경력 20년
인간의식 개화, 스트레스 해결을 위해 30년간 연구
스트레스 근원적 해결 프로그램 및 사고, 태도, 행동 변화를 위한 마인드 빌딩(Mind Building) 프로그램 개발
삼성전자 외 다수의 유수기업, 공공단체, 정부투자기관 출강
MBC-TV, 교통방송, KBS, MBC 라디오 방송 출연
SK telecom, 수협, 농협, 삼성카드 외 사내방송 출연
삼성전자, KT, 기아자동차, 현대미포조선, 에스 원 외 사보 칼럼
한국방송영상산업진흥원, 한국교원연수원 '스트레스 사이버 강의'
직장인을 위한 '사이버 스트레스 진단' 사이트 운영
스트레스 상담 및 교육

저서 : 직장인 대상 스트레스 측정 검사지 및 해설서개발

연락처 : 이메일 godiam@dreamwiz.com 휴대폰 : 011-325-4918

홈페이지 : http://www.allq.co.kr (한국심리적성센타)
http://my.dreamwiz.com/godiam/stress(전현두스트레스연구소)

인 지

직장인의 스트레스 관리전략

초　판 1쇄 인쇄 —— 2007년 7월 24일
초　판 1쇄 발행 —— 2007년 7월 31일
지은이 —— 전 현 두
펴낸이 —— 전 두 표
펴낸데 —— 도서출판 **두남**
서울시 강동구 성내동 455-12 두남빌딩
등록 : 제2-624호(1988. 7. 21)
TEL : 478-2066 / 2067 / 2311
FAX : 478-2068
E-mail : dunam1@unitel.co.kr
htpp://www.dunam.co.kr

정가 12,000원

ISBN 978-89-8404-851-5 13320